Z를 위한 시

POST-BTS와 K-POP의 미래

Z를 위한 시

이규탁 지음

"케이팝 없이 세대론을 논하지 말 것!"

싸이의 〈강남스타일〉부터
뉴진스의 〈Hype Boy〉 챌린지까지
젠지들의 유희, 케이팝으로 꿰뚫어보는
본격 세대론 필수 교양서

21세기북스

Z세대와 K-Pop: 모두가 알지만 아무도 모르는 이야기

◄◄ ⏸ ►►

2012년 싸이의 〈강남스타일〉이 미국 빌보드 싱글 차트인 '빌보드 핫 100'에서 큰 성공을 거두고 엄청난 유튜브 조회 수를 기록하며 전 세계적인 히트곡이 된 것이 어느덧 11년 전이다. '10년이면 강산도 변한다'고 할 만큼 10년은 생각보다 긴 시간이다. 그리고 〈강남스타일〉의 히트로부터 강산이 한 번 더 변한 2023년 현재, 케이팝의 세계적인 성공과 인기는 우리에게 더 이상 놀라운 일이 아니다.

〈강남스타일〉이 처음으로 세계적인 성공을 거두었을 때는 온 나라가 들썩였었다. 싸이가 '금의환향'한 뒤

2012년 10월에 개최한 서울시청 앞 콘서트에는 무려 8만 명이 모여 〈강남스타일〉의 성공을 함께 축하하고 즐겼다. 그로부터 5년 후인 2017년, BTS(방탄소년단)가 빌보드 뮤직 어워드의 '톱 소셜 아티스트' 상을 받았을 때 역시 많은 이들이 놀라움을 금치 못했다. 3년 후인 2020년, 꾸준히 빌보드 앨범 차트(빌보드 200)에서 1위를 차지하던 BTS가 싱글 〈Dynamite〉로 이윽고 빌보드 싱글 차트인 '빌보드 핫 100'에서 첫 1위를 기록했을 때, 또 한번 많은 사람들이 이 사실에 놀라고 기뻐했다.

이제는 케이팝 가수의 이름이 빌보드 앨범 차트나 싱글 차트에 높은 순위에 올라도 그때만큼 화제가 되지는 않는다. BTS가 2017년 처음으로 빌보드 뮤직 어워드를 수상했을 때 나는 '도대체 방탄소년단이 누구이며, 얼마나 대단한 존재이기에 빌보드 뮤직 어워드를 받은 것인가'를 묻는 언론사 기자들의 전화를 하루에만 십여 통을 받았다.

〈Dynamite〉가 처음 빌보드 싱글 차트 1위를 차지한 날은 더욱 심했다. 이날 나는 아침 7시가 되기 전부터 밤늦게까지 많은 언론사 기자들로부터 이 일의 의미에 대한 의견을 묻는 수많은 인터뷰 요청 전화를 받느라 일과를 처리하기 어려울 지경이었다. 그러나 요즘은 케이팝 가수들이 빌보드에서 좋은 성적을 올리고, 심지어 앨범 차트 1위를 해도 예전처럼 인터뷰 요청 전화가 빗발치지 않는다. 이제는 이런 일들이 어느 정도 익숙한 현상이 되었기 때문일 것이다.

케이팝의 글로벌한 성공은 국내에서 '케이K'라는 접두어의 광범위한 활용을 낳았다. 케이팝과 더불어 한류 인기를 견인해온 한국의 TV 드라마는 언젠가부터 케이드라마K-Drama가 되었으며, 그 외에 해외 팬들로부터 인기를 얻고 있는 각종 문화 역시 케이버라이어티K-Variety, 케이무비K-Movie 혹은 케이필름K-Film, 케이웹툰K-Webtoon 등의 이름으로 불리고 있다. 여기까지는 대체로 해외 한류 팬들의 자연스럽고 자발적인 명명命名이었다고 볼 수 있다.

반면 최근 3~4년 사이 미디어나 정부 홍보물 등을 통해 등장하는 케이뷰티K-Beauty, 케이푸드K-Food, 케이컬쳐K-Culture 등의 용어와 '케이민주주의', '케이방역'처럼 도무지 그 의미를 명확히 파악하기 어려운 이런 용어들은 케이팝의 인기에 편승해 국가 브랜드를 홍보하고자 하는 관계 기관과 미디어에서 남발하듯 여기저기 붙이고 있는 것이 특징이다. 심지어 글로벌한 음악 장르가 아닌 한국에서만 통용되는 독자적인 장르 이름이자 음악 스타일로 굳이 케이를 붙일 필요가 없는 트로트에도 케이를 붙여 '케이트로트'라고 부르는 진풍경이 벌어지기도 한다. 이러다가는 '케이김치', '케이한복', '케이한글'도 나올 판이다.

이처럼 한국 미디어나 정부, 학계 등에서 케이팝의 성공은 '자랑스러운 한국 문화의 세계 시장 정복'쯤으로 해석되거나, 국가와 기업에 많은 돈을 벌어다 줄 '새로운 수출 상품' 정도로 여겨지는 경우가 많다. 그러나 해외에서 케이팝을 바라보는 시각은 좀 다르다. 우선 글로벌 음악 산업의 관점에서 보면, 케이팝은 '고인물'로 가득한 글로벌 음악 시장에 모처럼 등장한 젊고 신선한 장르이며 세계 시장에서 흔치 않은 비서양·비영어권 음악으로서 현재 음악 산업에서 가장 눈에 띄는 새로운 흐름이다.

그뿐만이 아니다. 케이팝이 전 세계 젊은 세대에게 미치는 다양한 정치적, 사회적, 문화적 영향력은 산업은 물론 미디어와 학계, 심지어 정치 단체와 NGO 등에서도 주목하고 있을 정도로 전방위적이다. 이처럼 케이팝은 국내에서 상상하는 것 이상으로 하나의 거대한 전 세계적 흐름이 되어가고 있다.

케이팝에 관해 이야기하는 이 책은 '누구나 이야기하고 있고, 누구나 알고 있는 것 같지만 사실 진짜 제대로 아는 사람은 많지 않은' 케이팝의 여러 가지 모습을 다룬다. 케이팝의 정의부터 시작해 케이팝 형성의 역사적 배경과 장르적 특성, 독특한 비즈니스 모델 등에 관해 이야기하고, 아울러 왜 국내뿐만 아니라 전 세계의 젊은 세대가 케이팝에 빠져 있는지를 다룬다. 그리고 전 세계적인 현상이 된 BTS의 인기와 성공의 세계사적 의미를 살펴보고, 마지막으로 포스트 BTS, 즉 BTS 다음의 '4세대' 혹은 그 이후의 케이팝에 대해 전망해본다. 이렇듯 케이팝의 과거, 현재, 미래를 가볍고 재미있으면서도 충실하게 이야기하고자 하는 것이 이 책이 의도하는 바다.

　물론 한국 사람이라고 해서 전부 케이팝을 좋아해야 할 필요는 없다. 하지만 해외에 나가 외국인에게 내가 한국 사람이라고 소개했을 때, 그들은 분명 어느 정도 기대를 하고 'Do you know K-pop(케이팝에 대해 알아)?' 혹은 'What is so special about BTS(BTS의 뭐가 그렇게 특별한 거야)?'와 같은 질문을 던질 것이다.

　일전에 한 TV 프로그램을 보는데, 중국에서 일하는 한국 교수가 자신이 가르치는 외국인 학생으로부터 전 세계적인 인기를 누리고 있는 케이팝 걸그룹 트와이스에 대한 질문을 받았는데 자신이 트와이스가 누군지조차 모르는 바람에 학생이 크게 실망했다는 이야기를 들려준 적이 있다. 그 교수는 '내가 한국 사람임에도 한국에 대해 아는 게 너무 없구나'라고 생각하며 부끄럽다는 생각이 들었다고 덧붙였다. 그만큼 케이팝은 국내에서 생각하는 것 이상으로 한국을 대표하는 문화이자 현상이 되었기에, 외국인의 입장에서 한국인이라면 여기에 대해 어느 정도 알고 있을 거라고 기대하는 것은 당연하다.

케이팝의 커다란 영향력과 대표성을 생각해보면, 2020년대를 살아가는 한국인으로서 케이팝에 대해 기본적인 이해를 갖추는 것은 이제 필수가 아닐까 생각해본다. 그렇다고 해서 케이팝 음악을 좋아하지도 않는데 억지로 케이팝 그룹 이름이나 아이돌 이름, 노래 제목을 달달 외울 필요는 없다. 대신 이 책을 읽고 나면 자신이 케이팝의 팬이든 아니든 이런 질문에 대해 짧게나마 정확하고 분명하게 이야기할 수 있게 될 것이다.

그리고 어쩌면 지금까지 열심히 챙겨 듣지 않았던 케이

팝 음악과 가수들에게 흥미가 생기고 그들이 좋아질 수도 있다. 마치 처음에는 의무적으로 수강해야 해서 억지로 들었던 수업이지만, 들으면서 그 분야에 재미를 느끼고 관심을 갖게 된 덕분에 졸업한 지 한참 지나도 기억 속에 남아 있는 대학교의 '필수 교양 과목'처럼 말이다.

2023년 3월

이규탁

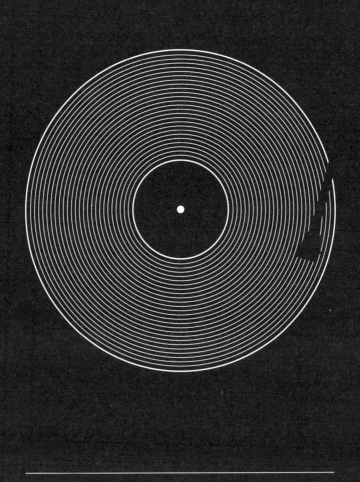

1부

BTS와
케이팝

⬚

음악뿐만 아니라
의상, 그라피티, 댄스 등을 빼놓고 힙합을 정의할 수 없듯이
케이팝 역시 글로벌한 감각의 음악적 형식,
춤, 패션과 이미지, 독특한 미학의 뮤직비디오, 특유의 비즈니스 모델,
새로운 미디어에 대한 강한 의존도,
가수에게 요구되는 미덕과 팬과 가수 사이의 독특한 관계 등이
종합적으로 이루어졌을 때 비로소 장르로서의 케이팝이 완성된다.

1장

케이팝이란 무엇인가

그런데 케이팝이 뭐지?

BTS(방탄소년단)가 활동을 중지하고 멤버들이 각자 개인 활동에 주력하면서 음악 전문가들이나 관련 업계, 그리고 팬들 사이에서는 케이팝K-pop의 새로운 세대가 시작되는 것이 아니냐는 이야기가 돌고 있다. 정말 케이팝 4세대가 오고 있는 것일까? 그 답을 찾기 전에 먼저 케이팝이 도대체 무엇인지, 그리고 어떤 과정을 거쳐 형성되었으며, 어떻게 널리 알려지게 되었는지부터 살펴보자.

케이팝을 즐기는 세대이건 아니건, 또는 케이팝의 열렬한 팬이 아니더라도 현대를 살아가는 사람들이라면 케이팝이라는 용어를 모르기 어렵다. 그런데 만약에 한국 문화에 관심을 갖게 된 한 외국인이 당신에게 '세계 곳곳의 많은 사람들이 케이팝, 케이팝 하는데 케이팝이 도대체 뭐죠?'라고 묻는다면 당신은 뭐라고 대답하겠는가?

우리로서는 아무렇지 않게 늘 사용하는 용어이다 보니 '왜 그걸 모르지?'라고 생각할 수도 있지만 막상 말로 설명하려면 '음, 케이팝을 뭐라고 설명해야 할까?' 하는 의문에 부딪치게 된다. 그렇기 때문에 케이팝 종주국에 살고 있는 우리로서 한번쯤은 케이팝이 과연 무엇이고, 이것이 한국의 다른 대중음악 혹은 해외의 다른 대중음악과 어떻게 다른지, 그리고 케이팝의 개성은 무엇인지 등에 대해 조금 진지하게 생각해보는 것도 좋을 듯하다.

최근 들어 케이팝을 한국 대중음악과 동의어로 생각하고 사용하는 분들이 많다. 한국 대중음악이라는 용어를 영어로 번역하면 'Korean popular music' 정도일 것이다. 그렇다 보니 이 말을 줄인 것이 곧 케이팝이라고 생각하고 사용하는 경우다. 그런 개념에서라면 한국에서 발매된 모든 장르나 스타일, 가수의 활동 시기 등과 관계없이 한국 대중음악이면 모두 케이팝이라고 불러야 할지도 모른다.

하지만 케이팝을 이렇게 한국 대중음악을 통칭하는 용어로 사용하기에는 조금 어려움이 있다. 가령 학교 강의나 다른 대중 강연을 통해 케이팝 이야기를 할 때 '케이팝이란 무엇입니까?'라고 물어보면 사람들마다 그 정의가 사뭇 다르기 때문이다. 어떤 사람들은 한국의 대중음악 전부를 케이팝이라고 생각하는 반면, 또 어떤 사람들은 아이돌idol의 음악이라고 정의하는 경우도 있다. 혹은 90년대 이후에 나온 음악만을 케이팝으로 불러야 한다고 이야기하는 분들도 있다. 특히 해외 팬들, 즉 한류나 케이팝에 관심 있는 외국인들에게 같은 질문을 했을 때의 대답은 확연히 차이가 있었는데, 그들 대부분은 케이팝을 절대 한국의 대중음악 전체를 정의하는 용어로 사용하지 않는다.

그렇다면 과연 케이팝을 어떻게 정의해야 할까? 우리가 한국의 대중음악이라고 할 때 그 대중음악이라는 커다란 카테고리에는 록, 힙합, 발라드, 트로트, 재즈, 블루스 등 다양한 장르의 음악들이 포함된다. 케이팝 역시 한국 대중음악 전반을 가리키는 용어라기보다는 록이나 힙합, 발라드 등과 같이 한국 대중음악의 한 장르라고 보는 것이 조금 더 합당할 수 있다.

그러면 한국 대중음악은 뭐라고 불러야 할까? 예전부터 한국 대중음악을 가리키는 말로는 보통 '가요歌謠'라는 용어를 사용했다. 이 가요라는 용어가 어떤 사람들에게는 조금 옛날 말처럼 느껴지기도 하고, 또 어떤 사람들에게는 인디 음악이나 실험적인 음악과는 반대되는 상업성이 강한 대중음악을 지칭하는 용어로 인식되기도 한다. 하지만 케이팝을 한국 대중음악과 동의어로 사용하기보다는 한국 대중음악을 통칭하는 가요라는 커다란 카테고리에 속하는 하나의 장르로 보는 것이 좋다.

한국 대중음악의 한 장르

케이팝에 대한 정의가 왜 중요할까? 1990년대 초반 영국에서 발생한 얼터너티브 록의 장르인 브릿팝Britpop, 우리에게 유명한 스웨덴의 아바Abba나 최근에는 아비치Avicii 같은 유명한 EDMElectronic Dance Music 가수들까지 포함하는 스웨디시팝Swedish Pop, 일본의 제이팝J-Pop, 글로벌 히트곡 데스파시토Despacito와 같은 라틴팝Latin Pop 등 전 세계적으로 지역이나 민족 혹은 인종을 뜻하는 단어와 팝뮤직popular music이 결합된 용어들은 아주 많다. 케이팝 역시 코리아라는 국가 이름과 팝뮤직의 합성어다.

그런데 이런 용어들은 어떤 특정한 지역이나 국가에서 만들어져 인기를 얻게 된 음악의 특정한 스타일이나 장르를 뜻하는 것이지, 그 나라의 모든 대중음악을 의미하는 것은 아니다. 가령 제이팝이라고 해서 일본 대중음악의 모든 장르와 모든 스타일을 통칭하는 것은 아니라는 뜻이다. 특히 브릿팝 같은 경우는 더욱 그렇다. 오아시스나 블러 같은 영국의 유명 록밴드를 보통 브릿팝의 대표 주자라고 이야기하는데, 그렇다고 해서 영국에서 등장한 모든 가수의 음악을 전부 브릿팝이라고 부르지는 않는다.

마찬가지로 케이팝 역시 한국의 대중음악 중 어떤 특정한 장르나 스타일이 해외에서 인기를 얻으면서 그것이 케이팝이라는 이름으로 불리게 된 것이지, 그것을 한국 대중음악 전체를 가리키는 용어로 사용하기에는 무리가 있어 보인다. 따라서 케이팝은 힙합이나 록, 재즈 같은 음악들처럼 국적과 크게 관계없이 음악의 스타일로만 정의할 수 있는 장르의 음악들과는 그 구분이 다를 수밖에 없다. 가령 힙합은 힙합만의 스타일과 리듬이 있고, 음악에서 뿜어 나오는 색깔도 매우 강렬하다. 또한 록 음악도 록 음악만의 비트와 음악적 구성, 그리고 작곡 방법 등을 가지고 있어서 국적과 관계없이 음악만으로 장르를 구분할 수 있다. 물론 케이팝에도 일반적으로 '케이팝 스타일'이라고 여길 만한 음악적 특성이 존재하는 것은 분명하지만, 더불어 케이팝 노래들을 '전자댄스음악', '힙합', '팝발라드', '팝록' 등으로 구분하는 것도 가능하다. 가령 BTS의 노래 〈불타오르네〉는 케이팝이지만 동시에 힙합으로 구분할 수도 있다. 이처럼 케이팝은 음악 장르이지만 다른 음악 장르와는 다르다.

특히 케이팝은 음악적인 특성뿐만 아니라 누가 만들었고, 누가 부르고, 누가 즐기고, 또 누구에 의해 유명해졌는지 등을 따로 떼어놓고 생각하기는 어렵다. 그래서 힙합을 이야기할 때는 음악적인 스타일만 맞으면 그게 일본 힙합이 되고, 한국 힙합이 되고, 중국 힙합이 되지만 케이팝은 한국이라는 국적과 떼어놓고 미국 케이팝, 일본 케이팝이라고 이야기하기에는 아직 어려움이 있다.

타자에 의해 정의된 용어

케이팝이라는 용어는 과연 누가 만들었을까? 가령 '제이팝'은 1980년대 후반 일본의 한 특정 방송국에서 그 용어를 처음 사용하기 시작했다고 알려져 있다. 당시 일본에서 제이팝이라는 용어가 탄생하게 된 배경은 1980년대 후반에 새롭게 등장한 일본 대중음악이 과거 일본의 대중음악, 특히 엔카演歌, えんか처럼 기성세대들이 좋아하던 '예스러운' 음악과 다르다는 것을 강조하기 위함이었다. 즉 제이팝이라는 용어를 통해 당시 젊은 세대들이 만들고 즐기던 음악이 예전 일본 음악보다 좀 더 세련되고 서구적인, 즉 글로벌한 스타일임을 드러내려 한 것이다.

하지만 케이팝은 제이팝의 경우와는 조금 다르다. 사실 1990년대 후반까지만 해도 한국의 미디어나 음악계에는 케이팝이라는 용어 자체가 존재하지 않았다. 그러다가 1990년대 말에 특정한 스타일의 한국 대중음악이 동아시아, 특히 홍콩과 대만 지역에서 인기를 얻게 되었을 때 해당 지역의 미디어와 수용자들은 새롭게 인기를 얻게 된 이 한국 음악을 도대체 뭐라고 불러야 할지 고민했다. 그러다가 1990년대 초반 이 지역에서 인기를 얻었던 제이팝에서 힌트를 얻어 일본을 의미하는 'J' 대신 코리아의 'K'를 붙여 케이팝이라는 용어를 고안해냈다. 이처럼 케이팝은 자체적으로 생성된 용어가 아니라 해외에서 먼저 정의되고 인식된 장르라는 점에서 제이팝과는 분명 차이가 있다. 케이팝은 이렇게 한국의 음악가나 한국의 미디어가 만든 용어가 아니다 보니 케이팝을 한국 대중음악을 통칭하는 용어로 사용하기는 어렵다.

심지어 동아시아를 중심으로 한 해외에서는 1990년대 말부터 케이팝이라는 용어가 사용되었지만 한국에서는 2000년대 중후반까지도 케이팝이라는 용어를 거의 사용하지 않았다. 거기에는 여러 가지 이유가 있겠지만 케이팝이 한국이 아닌 해외 시장에서 먼저 하나의 특정한 장르로 인식되었기 때문일 것이다. 동아시아에서 먼저 인기를 얻기 시작한 이 특정한 장르는 2000년대 후반에 이르러 소녀시대나 카라, 빅뱅 같은 그룹들의 인기와 함께 미국이나 서유럽 지역에서도 인기를 얻기 시작했다. 그 덕분에 케이팝이라는 용어도 전 세계적으로 쓰이기 시작했고, 그러면서 점차 한국에서 이 용어를 역수입해 사용하게 되었다.

다시 말해 케이팝이라는 용어는 한국에서 정의하거나 만들어낸 장르가 아니기 때문에 우리의 관점에서 '한국의 대중음악은 그냥 다 케이팝이라고 부르자'라고 쉽게 정의할 수 없다는 뜻이다. 케이팝은 해외 시장에서의 성공에 의해 정의된 것이지 록이나 힙합처럼 음악 스타일과 직접적으로 연관되어 있다고 보기는 어렵다. 그보다는 해외 시장에서 '무엇을 케이팝으로 인식하는가?' 하는 것이 더 중요한 부분이라고 할 수 있다.

케이팝은 보통 음악 내외적으로 다양한 방식과 스타일을 통해 독자적인 장르로 정의되곤 한다. 영국의 대중문화 연구자 딕 헵디지Dick Hebdige가 『하위문화: 스타일의 의미』라는 책을 통해 1970년대의 펑크 음악과 관련 문화를 설명했던 것처럼, 대중음악 장르는 다양한 음악의 외적 스타일, 표현 양식과 결합해 보다 폭넓은 범위의 문화를 형성할 수 있다. 케이팝 역시 이와 크게 다르지 않다. 즉 케이팝은 음악 장르인 동시에 하나의 문화 스타일인 것이다.

우선 글로벌한 감각과 최신 트렌드를 적극 반영한 음악은 케이팝 음악을 구성하는 기본적인 요소다. 그러나 그것을 조합하고 해석하는 방식은 매우 독자적이다. 이른바 '후

ㅋhook'라고 불리는 중독성 있는 후렴구가 끊임없이 반복되며 전자음악과 힙합, R&B(리듬 앤 블루스), 록, 심지어 트로트와 같은 다양한 장르가 독특한 방식으로 결합한다. 넷플릭스의 케이팝 관련한 다큐멘터리에서 소녀시대의 곡 〈I Got a Boy〉를 음악적으로 분석한 적이 있는데, 4분 30초 정도의 노래가 무려 아홉 개 부분으로 나뉘어 각기 다른 장르를 선보인다.

이와 같은 케이팝의 장르 뒤섞기 방식은 글로벌한 관점에서 보아도 매우 독특하다. 거기에 한글을 중심으로 영어는 물론 스페인어, 일어, 중국어까지 자유롭게 뒤섞여 있는 가사는 케이팝의 음악 구성에 독자성을 부여하는 또 다른 요소다. 이처럼 케이팝의 음악 작법作法은 다른 음악 장르에 비해 매우 개방적이며 동시에 다양한 문화 요소들을 뒤섞는 하이브리드, 즉 혼종으로서 거리낌이 없다는 특징을 지닌다. 케이팝 속 음악 하이브리드에 관해서는 다음 장에서 좀 더 자세히 이야기할 것이다.

케이팝에서 음악적 특성만큼이나 중요한, 때로는 음악보다 더 중요하게 여겨지는 부분은 퍼포먼스performance다. 보통 케이팝의 퍼포먼스라고 하면 소위 그룹 멤버 여러 명이 무대 위에서 보여주는 강렬하고 난이도 높은 '군무群舞'라고 불리는 춤을 떠올린다. 그러나 여기에서의 퍼포먼스는 좀 더 넓은 의미다. 춤뿐만 아니라 화려하고 통일감 있는 의상, 독특한 화장법과 머리 모양, 독자적인 색감과 더불어 빠른 장면 전환으로 단체 안무, 단독 립싱크, 서사 장면이 교차하는 속도감 있고 화려한 연출의 개성적인 뮤직비디오, 소셜 미디어나 인터넷 생방송 등을 통해 보여주는 다채로운 일상이나 자체 제작 버라이어티 등을 통해 수용자들에게 보여주는 가수들의 다양한 모습들까지도 모두 포함하는 개념이다.

더불어 4장에서 더 자세히 이야기할 케이팝 특유의 비즈니스 모델은 이미 독자성originality을 인정받은 케이팝 고유의 특징으로, 해외에서 이것을 배우기 위해 한국으로 '산업 연수'를 올 정도다. 태국, 베트남 등의 국가에서 한국으로 온 이 '연수생'들은 한국의 시스템에 따라 교육을 받으며, 그것을 배운 후 자국으로 돌아가 정식으로 데뷔를 한다. 2022년 태국의 한 음악 시상식에서 신인상을 수상한 여성 그룹 '로즈베리Roseberry'가 대표적인 경우다.

그 외에도 케이팝 아이돌이 갖추어야 하는 필수 미덕인

도덕성과 착실함, 진정성 등 소위 '훌륭한 인성'도 중요한 요소다. 다양한 미디어 콘텐츠를 꾸준히 공급하며 멤버 간의 관계 서사(속칭 '케미')와 팬들과의 이야깃거리를 만들고 이를 통해 가수와 팬 사이의 친밀한 관계를 형성하는 방식이나, 인터넷을 기반으로 한 기획사와 가수, 팬들의 새로운 미디어 활용 방식 등도 케이팝을 독자적인 장르이자 문화 스타일로 만드는 중요한 요소다. 이런 다양한 요소들은 다른 글로벌 음악 장르에서는 잘 발견되지 않거나 조금은 다른 모습으로 흩어져 존재하지만, 케이팝에서는 다양한 요소들이 하나로 합쳐져 독자적인 장르이자 '문화종합선물세트total package of culture'를 이루고 있다. 케이팝 전문가인 김영대 음악 평론가는 이런 케이팝의 독자적인 색채를 '맥시멀리즘maximalism의 미학', 즉 화려하고 장식적이며 과장된 형태를 특징으로 하는 독특한 음악 장르이자 문화 스타일이라고 설명하기도 한다.

2장

한국 대중음악 속
문화 하이브리드

× ◀◀ ▶ ▶▶ ↻

하이브리드의 미학

케이팝이 하나의 문화 스타일이라면 그 스타일을 규정하는 요소는 무엇일까? 그것은 한마디로 하이브리드hybrid라고 말할 수 있는데, 우리말로 번역하면 혼종混種성, 혼합체 정도로 이해할 수 있다. 하이브리드는 쉽게 말해 서로 다른 두 개의 문화가 만나 그와 닮았지만 단순한 모방이나 재생산이 아닌 새롭게 만들어낸 문화를 의미한다. 하이브리드 자동차를 떠올리면 쉽게 이해할 수 있을 것이다. 전기차의 특성과 내연기관차의 특성이 합쳐져 그 둘의 특성을 모두 갖고 있지만 그것과는 또 다른 방식으로 움직이는 차를 보통 하이브리드 자동차라고 하듯이, 하이브리드에서 중요한 것은 단순 모방이 아닌 다양한 문화의 결합을 통한 창작과 새로운 문화의 형성이다.

하이브리드는 한 문화의 성립과 발전에 있어서 굉장히 중요한 요소로 여겨진다. 특히 대중음악에 있어서는 하이브리드를 빼놓고 이야기할 수 없을 정도다. 영국의 미디어 학자이자 문화연구학자인 스튜어트 홀Stuart Hall은 1998년 저서 『지역과 세계: 세계화와 민족성The Local and the Global: Globalization and Ethnicity』에서 "현대 대중음악의 미학은 하이브리드의 미학이다"라고 이야기한다. 그는 이를 뒷받침하기 위해 미국 대중음악을 예로 들었다.

오늘날 영미 대중음악, 특히 미국 대중음악은 전 세계 대중음악의 표준이자 롤모델로 여겨진다. 하지만 미국 대중음악 역시 다양한 음악의 하이브리드를 통해 형성되었다. 여러 음악적 전통 중에서도 특히 유럽에서 온 이민자들의 문화와 음악, 그리고 처음에는 노예로 끌려왔다가 미국 시민으로 자리하게 된 흑인들의 문화와 음악, 그리고 미국

032

의 이민자들 중 큰 비중을 차지하는 라틴아메리카에서 온 사람들의 문화와 음악적 특성이 결합해 섞이고 섞이는 과정에서 새로운 문화로 탄생한 것이 미국 대중음악이다.

이렇게 하이브리드를 통해 태어난 미국 음악이 전 세계로 퍼져나가 그것이 다시 각 나라의 음악과 만나면서 새로운 음악적 특성을 갖게 된 것이 현재 전 세계에 널리 퍼져 있는 대중음악의 본 모습이다. 미국의 흑인 음악과 백인 음악의 결합으로 태어난 록 음악이 멕시코로 넘어가면 멕시코 스타일의 록이 되고, 한국으로 들어오면 한국 스타일의 록이 되는 것이다. 그 결과 전 세계의 록 음악은 '원조'라고 할 수 있는 미국의 록 음악과 비슷한 음악적 특성을 공유하지만, 그럼에도 불구하고 각 지역의 맥락에 따라 다른 모습을 지닌다. 심지어 원조 미국 록 음악 자체가 사실은 미국 흑인 음악이 R&B와 블루스가 백인 음악인 컨트리, 포크와 결합해 만들어진 장르다. 이런 흐름은 약 100여 년 동안 전 세계적으로 이어져왔는데 스튜어트 홀은 바로 이런 점에서 대중음악의 미학과 하이브리드의 미학을 등치시켰다.

다양한 대중음악 중에서도 특히 비교적 최근에 등장한

케이팝은 이 하이브리드의 미학이 매우 분명하게 드러나는 장르라고 할 수 있다. 그러면 한국 대중음악 속에서 이 하이브리드가 어떻게 나타났으며, 어떤 식으로 실행되었는지 한번 살펴보자.

멜로디는 일본에서, 리듬은 미국에서

전 세계 대중음악이 하이브리드 미학에 바탕을 두고 있지만 그 하이브리드 미학에 있어서 가장 중요한 참조 대상, 즉 레퍼런스references는 미국의 대중음악이다. 전 세계 어떤 대중음악도 미국 대중음악의 영향력에서 자유롭지 못하고, 항상 미국 대중음악을 레퍼런스 삼아 발전해왔다. 그런데 한국의 경우에는 미국 음악과 한국 음악의 결합뿐 아니라 여기에 한 가지 레퍼런스가 더해진다. 바로 일본 대중음악이다. 최근 몇 년간 한일관계가 심각한 갈등 상황에 놓이면서 일본 대중음악의 영향력을 애써 부정하거나 언급을 피하려는 경향이 없지 않았다. 하지만 우리가 미국 음악의 영향을 받은 것이 전혀 부끄러운 일이 아닌 것처럼 일본 음악의 영향을 받은 것 역시 전혀 부끄러운 일이 아니다.

1990년대 초반까지만 해도 한국 대중음악계에서 히트곡을 만들기 위한 하나의 전략으로 많이 회자되던 것이 바로 멜로디 라인은 일본에서 참조하고 리듬 패턴은 미국에서 참조하면 최신 히트곡을 만들 수 있다는 이야기였다. 이 이야기는 마치 하나의 공식처럼 음악계에서 매우 유용하게 통용되었는데, 이는 곧 최신 트렌드는 미국에서 참조하되 지역적으로 한국 사람의 정서적 측면을 만족시킬 수 있는 부분은 일본에서 참조하라는 것으로 해석할 수 있다.

대체로 힙합, 록, 재즈처럼 특유의 리듬 패턴이 매우 강한 장르의 미국 음악들이 전 세계 음악의 롤모델로 자리해왔다. 그런 만큼 미국 음악은 항상 최고의 음악인 동시에 우리가 궁극적으로 달성해야 하는 목표점으로 여겨졌다.

반면 일본 음악은 소위 '국내 취향'이라고 불렸던, 하지만 사실 국내에 한정된 취향이라기보다는 한국, 홍콩, 대만, 중국 등의 동아시아 사람들이 즐겨 듣는 멜로디 라인의 취향과 매우 일치했기 때문에 우리는 그들이 영미 음악을 수용하는 방식을 꾸준히 곁눈질하며 참조했다. 1990년대까지만 해도 일본은 경제적인 측면이나 문화적인 측면에서 우리보다 조금 더 빠르게 발전한 상태이다 보니 우리로 서는 그들이 해외 음악이나 문화를 어떻게 받아들이는지를 참조할 수밖에 없었던 것이 사실이다.

근래에 이르러 우리가 해외 음악, 특히 미국 음악을 수입할 때는 유튜브나 다양한 미디어를 통해 직접적으로 그것들을 받아들일 수 있다. 하지만 미디어 통신 기술이 발달하지 않았던 과거에는, 특히 한국의 경제력이 지금처럼 성장하지 않았던 무렵에는 미국 음악을 일본에서 먼저 수입하고, 일본에서 수입한 미국 음악을 한국이 다시 수입하는 시스템을 통해 미국과 일본 음악을 동시에 받아들이곤 했다. 그런 과정에서 일본이 중간 다리 역할을 했고, 우리는 일본을 하나의 '게이트키퍼gatekeeper'로 삼아 우리의 음악을 만들어왔다고 볼 수 있다.

그런데 사실 공식적으로는 2000년대 초반까지 일본 대중음악을 수입하는 것이 법적으로 금지되어 있었다. 지금이야 유튜브를 통해 일본 음악을 듣거나 혹은 음원 사이트에서 일본 가수들의 음악을 스트리밍하는 것이 아주 자유롭고, 또 일본 가수의 음반이 한국에 발매되기도 하지만 2000년대 초반까지만 해도 그 모든 것이 법적으로 금지되어 있어서 공식적인 경로로는 일본 음악을 들을 수 있는 방법이 없었다. 그런데 이렇게 법적으로 금지된 일본 음악을 어떻게 한국 음악의 레퍼런스로 삼을 수 있었을까?

케이팝 논의에서 이 사실은 매우 흥미로우면서도 한번은 꼭 짚고 넘어가야 하는 부분이다. 그 당시 일본 음악을 레퍼런스 삼는 것은 대부분 불법적인 방식으로 이루어졌다. 스트리밍이나 인터넷이 대중화되어 있지 않았던 때여서 수용자들은 비공식적인 경로를 통해 불법 음반을 많이 구입했다. 소수의 마니아들뿐만 아니라 대개의 사람들이 불법으로 복제한 CD나 카세트테이프로 일본 음악을 접했고, 실은 나도 그런 사람들 중 한 명이었다.

일례로 1990년대에 일본뿐만 아니라 동아시아 전역에서 굉장한 인기를 얻었던 제이팝 가수 중에 아무로 나미에 安室奈美惠가 있었다. 그 가수가 한국에서 공식적으로 음반을 발매한 것은 2000년대 초반이었는데 그보다 훨씬 이전인 1990년대에 발매된 〈Sweet 19 Blues〉라는 제목의 앨범이 한국에서만 비공식적으로 100만 장이나 팔렸다는 이야기가 있다. 불법 복제 음반이 팔린 수를 추정한 것이니 어쩌면 그보다 더 많은 수의 앨범이 팔렸을 가능성이 크다.

그만큼 수많은 사람들이 어떤 죄책감이나 두려움 없이 아무렇지도 않게 불법적으로 일본 음악을 들었고, 이것은 수용자뿐만 아니라 음악을 만드는 프로듀서나 작곡가, 노래를 부르는 가수들 모두 비슷한 상황이었다.

그렇다 보니 한국에서는 항상 미국에서의 성공 혹은 일본에서의 성공을 다른 나라의 성공보다 더더욱 대서특필하는 경향이 있었다. 예를 들어 BTS가 빌보드 차트에서 1등을 했을 때 그것이 굉장히 큰 화제가 되었던 이유 중 하나는 우리나라가 항상 롤모델로 삼고 궁극적인 지향점으로 삼아온 세계 최대의 음악 시장인 미국에서 한국의 가수가 1등을 했다는 사실이 입이 떡 벌어질 만큼 놀라운 일로 여겨질 수밖에 없었기 때문이다.

또한 우리나라 가수들이 일본에서 몇 만 명을 수용하는 아레나 투어 공연을 하는 사례가 한국의 뉴스나 미디어에 자주 보도되었던 이유 역시 단순히 우리나라와 일본의 역사적인 관계 때문이 아니라 과거 음악계에서 일본 음악을 그렇게 열심히 참조했는데 이제는 우리 음악이 일본에서 그렇게 인기를 얻는다는 것이 굉장히 특별한 의미를 지닐 수밖에 없기 때문이다.

세시봉 혹은 남진, 나훈아

미국의 음악 그리고 일본의 음악이 어떤 식으로 소비되었는지를 조금 더 자세하게 살펴보면 한국 음악의 하이브리드가 어떤 식으로 이루어졌는지를 이해할 수 있다.

미국 음악 소비는 단순히 우리의 롤모델이나 지향점을 넘어 적어도 1980년대 후반까지는 일종의 계층적 구조와도 결합되어 있다. 말하자면 미국 음악을 국내 음악에 비해 조금 더 세련된 음악, 조금 더 발전된 음악, 조금 더 수준 높은 음악으로 생각하는 경향이 있었다. 그래서 1980년대 후반까지만 해도 가요 등의 한국 음악을 듣는다는 것이 뭔가 조금 촌스럽게 여겨진다거나 진짜 음악을 좋아하는 사람이라면 팝음악을 듣는 것을 지극히 당연하게 여기는 풍조가 있었다. 당시 많은 이들이 이야기하던 '나는 가요 안 들어'라는 말은 곧 '나는 가요 같은 수준 낮은 음악 안 듣고 수준 높고 트렌디한 미국 음악 들어'라는 뜻이었다. 이런 한국 대중음악의 소비 흐름은 1990년대 초반까지 이어졌다.

〈세시봉〉이라는 영화를 보았거나 그 시대에 청춘을 보낸 분들이라면 잘 아실 텐데, 1970년대 한국에서 인기를 얻었던 대중음악 장르는 그 시절 청년 문화의 상징으로 여겨진 통기타와 어쿠스틱 포크 음악이었다. 통기타 포크 음악, 청바지, 장발로 대표되는 1970년대의 청년 문화는 영화에서 다루어지는 것뿐만 아니라 우리나라 문화사를 이야기할 때 빼놓을 수 없는 부분이다.

그런데 엄밀히 따져보면 1970년대에 통기타 음악, 포크 음악을 즐기던 사람들은 한국 젊은이들 전체가 아니었다. 한국의 젊은 세대들 중에서도 대학생 혹은 사무직을 의미하는 화이트칼라white-collar라고 불리는 중산층 이상의 사람들과 교육 수준이 높은 사람들이 주요 소비층이었다. 그리고 '세시봉'이라는 클럽 자체가 대도시인 서울, 그중에서도 중심인 종로(명동)에 있었고, 이것은 주로 대도시에 거주하는 사람들이 이곳을 즐겨 찾았다는 것을 의미한다. 간단히 말해 중산층이나 중상류층 이상의 계층적 특징을 가진 고학력자, 대학생, 그리고 화이트칼라 등의 경제적 중상류층 사람들의 문화였던 것이지 우리나라 전체 젊은 세대들이 즐기던 음악은 아니었다는 것이다.

이런 특징은 1970년대 당시의 통기타 음악 신scene을 조금 더 들여다보면 확연해진다. 그 시절 통기타 가수로 유명한 사람들로는 조영남, 윤형주, 김세환, 이장희 등이 있는데, 이들은 대부분 서울대학교, 연세대학교, 경희대학교 등 소위 말하는 서울의 4년제 명문대 출신이다. 가수들뿐만 아니라 그들의 음악을 즐기는 사람들 또한 그들과 유사하게 고졸 이상의 고등교육을 받은 사람들이 대부분이었다. 더불어 이 포크 가수들이 부른 노래 가운데 절반 이상이 리메이크곡이었는데 당시 미국에서 인기 있는 곡에 한국어 가사를 붙여 부르는 경우가 많았다. 말하자면 미국 음악을 직수입해 거기에 한국 가사를 붙여 한국식으로 바꾼 하이브리드의 초창기적 방식이었던 것이다.

그러면 이런 포크 음악을 듣지 않은 사람들은 어떤 음악을 들었을까? 당시 많은 사람들이 대개 남진-나훈아의 라이벌 구도로 대표되는 트로트 음악을 들었다. 최근 몇 년 사이 '트로트의 부활'이라고 말할 만큼 트로트가 다시 인기를 얻고 있지만 여전히 트로트에 대한 우리의 인식은 '전통가요'로 분류하며 나이 든 사람들이 좋아하는 음악으로 여기는 경향이 있다. 아무리 트로트가 부활했다 한들 젊은 사람들이 플레이리스트에 트로트 음악을 넣어가지고 다닌다거나, 대놓고 자신이 임영웅이나 송가인의 팬이라고 자처

하는 경우는 드물다. 물론 10~30대 중에 트로트 팬이 없지는 않겠지만 트로트를 좋아하는 사람들의 연령대를 보면 대체로 나이가 많다. 심지어 40대도 노래방에서 '분위기를 띄우기 위한' 목적으로 트로트를 부를지언정, 일상적으로 트로트를 듣는 경우는 거의 없다.

1970~80년대에는 이런 경향이 더 짙었다. 트로트는 연령대가 낮은 사람보다는 높은 사람들, 화이트칼라보다는 생산직 혹은 육체노동에 종사하는 노동자인 블루칼라blue-collar, 고학력자보다는 저학력자, 도시 거주자보다는 농촌이나 비도시 거주자들이 더 많이 즐겨 듣는 음악이었다. 그래서 그 당시 한국의 음악계는 한편으로는 세시봉으로 대표되는 고학력자 포크 가수들이 미국의 음악을 직접적으로 보여준 반면, 다른 한편으로는 남진과 나훈아라고 하는 불세출의 트로트 스타들이 라이벌 구도를 형성했다. 그렇다 보니 양쪽의 팬이 거의 겹치지 않았다.

그런데 세시봉을 좋아하는 사람들이 대부분 고학력자나 대학생, 화이트칼라의 도시 사람들로 '청바지에 통키타'와 같이 세련된 청년 문화의 표상으로 묘사되었던 반면, 트로트를 좋아하는 사람들은 공순이, 공돌이라는 다분히 비하적인 표현으로 묘사되었다. 사회적으로 트로트는 고등학교나 대학교에 진학하지 못하고 어린 나이에 공장에 취직해 일하던 저학력의 블루칼라 젊은이들이 듣는 음악으로 인식되었던 것이다. 미국 음악에 대한 인식과 상반된 트로트에 대한 이런 인식은 트로트의 기원인 일본 음악에 대한 국내 수용자와 음악인들의 양가적兩價的 태도와 깊은 관련이 있다.

트로트와 엔카의 은밀한 관계

일본의 전설적인 엔카 가수 이시다 아유미いしだあゆみ가 1968년에 발표한 〈블루라이트 요코하마〉라는 아주 유명한 곡이 있다. 젊은 층은 모르겠지만 40대 이상인 분들은 아마 제목 정도는 들어봤을 것이다. 그 당시 일본 음악의 정식 수입이 금지되어 있던 때라 공식적으로 이 노래를 들을 수는 없었는데 신기하게도 1990년대에 노래방을 가면 어느 기계에나 이 곡이 있었다. 친절하게도 일본어 가사를 '아루이테모 아루이테모 코부네노요우니~'라는 식으로 표

기한 우리말 자막까지 깔려 있어서 그걸 보며 따라 부른 기억이 있다. 일본 음악 수입은 법적으로 금지였는데 노래방이나 가라오케에 가면 얼마든지 일본 노래를 부를 수 있는 신기한 시절이었다.

유튜브 등을 통해 〈블루라이트 요코하마〉라는 곡을 들어보게 되면 아마 생경하거나 낯설기보다는 우리에게 아주 익숙한 음악이라는 생각을 하게 될 것이다. 처음 듣는 곡인데도 마치 어디서 많이 들어본 듯한 느낌이 들 텐데, 그 이유는 우리가 알고 있는 전형적인 트로트 멜로디 라인과 비슷하기 때문이다. 트로트가 엔카의 영향을 받긴 했지만 그렇다고 해서 완전 똑같지는 않다. 그럼에도 불구하고 친숙한 멜로디 라인은 어쩔 수가 없다.

엔카와 트로트 이야기를 하면 오랫동안 우리나라 국민가수로 불리던 조용필을 빼놓을 수 없다. 사실 조용필을 트로트 가수로 정의하기는 어렵다. 그의 음악 스타일이 매우 폭넓기 때문인데, 팝 발라드부터 록, 트로트, 디스코 스타일의 음악을 넘나드는 것은 물론이고, 심지어 〈한오백년〉 같은 노래는 민요나 국악의 요소를 대중음악과 결합한 곡이라고 할 만큼 그는 음악적 스펙트럼이 굉장히 넓은 가수다. 그런데 조용필의 노래 〈돌아와요 부산항에〉를 들어보면 이 곡이 얼마나 엔카와 닮아 있는지를 알 수 있다. 조용필은 한류나 케이팝이 본격화되기 전인 1980년대에 이미 일본에서 큰 인기를 얻었는데, 그 바탕에는 조용필의 음악에 일본인들에게 낯설지 않은 멜로디 라인과 정서가 깔려 있기 때문이 아니었을까 한다.

누군가는 조용필이나 김연자 같은 가수들이 1980년대 일본에서 엄청난 성공을 거둔 것을 두고 케이팝 전에도 한류가 있었다는 식의 주장을 하기도 한다. 물론 그런 가수들이 해외 시장에서 어느 정도 인기를 얻었던 것은 사실이지만 지금의 케이팝 가수들과 비교하면 지속성이 다소 떨어질 뿐만 아니라 이들의 인기는 한국 음악 자체로서의 인기보다는 조용필이나 김연자라는 가수의 개별적인 성공 사례로 인식하는 편이 더 정확하다고 볼 수 있다. 더군다나 김연자가 부른 노래도 엔카가 연상되는 트로트였고, 조용필이 일본에서 유명해진 계기도 〈돌아와요 부산항에〉 같은 트로트 곡인 점을 감안한다면 당시 일본 사람들이 한국 가수에게 기대하는 음악 스타일이 어떤 것이었는지를 알 수 있다. 이처럼 트로트라는 장르는 일본 음악과 한국 음악의 근접성과 영향력을 잘 보여준다.

　그런데 미국의 음악 장르에서 영향을 받은 한국 음악인들이 그 영향력을 직접적으로 드러내던 것과 다르게, 일본 음악을 참조한 음악인들은 그 영향력을 숨기고 싶어 했다. 수입이 금지되어 있어서 그렇기도 했지만, 한국과 일본 간의 관계로 인해 일본 음악의 영향을 받았다는 것을 직접적으로 드러내면 사람들이 부정적인 반응을 보일 거라고 생각했기 때문이다. 더불어 1980년대까지만 해도 일본 문화 스타일은 '왜색倭色 문화'라 불리며 기피하거나 심지어 우리 문화 속에서 속히 제거해야 할 요소로 여겨지기도 했다. 그러다 보니 일본 음악의 영향력은 대체로 숨기고 싶어 하거나 굳이 언급하고 싶어 하지 않는 경향이 강했다.

어쿠스틱 포크 음악과 번안곡들의 대잔치

미국 음악의 경우는 일본 음악처럼 그 영향력을 숨기고 싶어 하는 인식도 없었고, 또 수입이 금지된 것도 아니다 보니 오히려 '우리가 지금 여러분들에게 들려주는 음악은 미국 본토에서 직수입한 음악입니다'라는 것을 직접적으로 강조했다. 그래야 사람들이 '역시 미국 음악을 바탕으로 한 음악이 트렌디하고 좋다'라고 인식했기 때문이다. 그런 점을 강조하기 위한 중요한 방식 중 하나가 번안곡 형태의 노래들이었다.

수많은 번안곡 중 대표적이기도 하고 또 내가 좋아하는 곡은 윤형주와 송창식으로 이루어진 남성 듀엣 트윈폴리오가 1969년에 발표한 〈웨딩 케이크〉라는 노래다. 어쿠스틱 포크라고 불리는 통기타 음악의 요소와 컨트리 음악의 요소가 잘 녹아 있는 음악이다.

원곡은 미국의 코니 프란시스Connie Francis라는 가수가 불렀는데 사실 미국에서는 상업적으로 그렇게까지 큰 성공을 거두지는 못했다. 그런데 항상 미국 음악의 트렌드에 민감하게 신경을 쓰고 있던 한국 가수들이 이 노래를 찾아냈고, 세시봉 가수들 중 대표적인 팀이라고 할 수 있는 트윈폴리오가 원곡을 그대로 커버하면서 거기에 한국어 가사를 붙여 번안곡 형태로 발표하게 되었는데, 그 인기는 실로 대단했다. 트윈폴리오뿐만 아니라 그 당시 번안곡으로 인기를 누린 가수들은 아주 많다. 조영남도 그중 한 명인데

〈딜라일라〉〈물레방아 인생〉〈고향의 푸른 잔디〉 등이 모두 미국에서 인기 있던 음악을 가져와 거기에 한국어 가사를 붙여 히트한 경우다.

이처럼 한국에서 미국 음악을 소비하는 방식은 굉장히 엘리트적이었고, 선망이자 동경의 대상이었으며, 직접적인 수용을 원하는 방식이었다. 그와 달리 일본 음악은 그 뿌리를 숨기고자 하는 경향이 강했고, 엘리트적인 요소보다는 토착적인 요소가 매우 강했으며, 더불어 직접적으로 일본 음악의 영향을 드러내기보다는 적당히 형식을 카피하거나 모방했는데, 심지어 표절의 형태로 드러나는 경우도 많았다.

3장

신세대 댄스음악의
등장과 몰락

×　◀◀　▶　▶▶　↻

초하이브리드 댄스음악의 화려한 등장

우리나라의 권위 있는 대중음악 연구자 중 한 분인 성공회
대학교 신현준 교수는 자신의 명저名著 『한국 팝의 고고학』
에서 미국 음악과 일본 음악의 이분법 혹은 팝음악과 트로
트 음악의 이분법을 '뽕촌팝도'라고 표현하기도 했다.

　옛날에는 트로트를 흔히 '뽕짝'이라는 말로 부르곤 했
는데 촌, 즉 시골에서는 뽕짝(트로트)을 듣고 도시에서는
팝음악을 듣는다는 데에서 만들어진 표현이다. 앞 장에서

미국 음악과 일본 음악이 우리나라에서 어떻게 소비되고 수용되어왔는지를 살펴보았는데, 미국 음악과 일본 음악에 대한 우리의 인식과 생산·유통·소비 방식을 바탕으로 구성된 이와 같은 이분법이 1980년대 말까지는 어느 정도 지속된 것이 사실이다.

1980년대 한국의 대학생들은 사실 대중음악 자체를 부정하는 경향이 적잖이 있었고, 오히려 민중가요 등의 음악을 '진정한 대중음악'이라고 여기는 경향이 강했다. 하지만 그런 대학생들이 만들고 부르던 민중가요 역시 세시봉에서 부르던 팝음악과는 확연히 달랐지만 적어도 트로트 특유의 정서, 즉 '뽕끼'는 거의 배제한 음악이 대부분이었다. 1980년대 말까지만 해도 이렇게 대학생들이나 도시에서 즐기는 음악과 시골이나 비非대학생들이 즐기는 음악이 분명하게 나뉘었다.

하지만 1990년대 초부터 이런 이분법이 조금씩 무너지기 시작했다. 거기에는 여러 가지 원인이 있겠지만 1980년대 후반 한국 사회가 민주화 과정을 거치면서 정치적 민주화뿐만 아니라 경제적으로 크게 성장했다는 점도 하나의 이유로 볼 수 있다.

1980년대에 축적된 경제발전의 효과와 그 힘이 1990년대에 이르러서야 터져 나오기 시작했고, 또한 정치적 자유화는 곧 문화적으로도 더 많은 자유가 부여되었다는 것을 의미하기 때문이다.

예를 들어 이전까지는 조금이라도 정치적 메시지가 담기거나 그렇게 해석될 수 있는 노래들은 '금지곡'이라는 이름으로 정부에서 모두 금지시켰던 것과 다르게 이제는 그런 노래들도 큰 규제 없이 들을 수 있게 된 것이다. 뿐만 아니라 장발을 단속하고 문신을 규제하던 시절과는 다르게 이제는 남성들의 귀걸이 착용이나 염색, 문신도 자유롭게 허용하는 사회 분위기로 바뀌었다.

1990년대에는 이렇게 정치적인 자유가 문화적인 자유로까지 연결되고 거기에 경제발전까지 더해지면서 한국 음악 산업에 굉장한 붐이 일어나게 되는데, 이런 분위기는 한국 대중음악의 이분법을 해소하는 데에 있어서 매우 중요한 역할을 하게 된다. 그리고 그 역할의 중심에 있었던 것이 바로 '신세대 댄스음악'이다.

그때까지만 해도 사실 우리나라에는 독립된 장르로서의 댄스음악이 형성되어 있지 않았다. 그러다가 1970년대 말에서 1980년대에 이르러 디스코나 미국에서 유행하던 펑크Funk, 유럽을 중심으로 전 세계적으로 큰 인기를 얻었던 유로댄스Eurodance 음악이 한국에 들어오면서 본격적으로 댄스음악이 형성되기 시작했다. 1980년대에 박남정, 김완선, 소방차 등의 가수들이 무대에서 춤과 노래를 결합한 퍼포먼스로 인기를 얻기 시작하면서 댄스음악은 본격적으로 한국 음악 시장에서 인기 장르로 자리 잡게 된다. 댄스음악의 전성시대가 펼쳐진 것이다.

디스코나 펑크 등이 미국 음악이다 보니 당연히 댄스음악도 미국 음악의 영향을 많이 받았다. 그러나 1980~90년대 한국 댄스음악의 리듬 패턴이나 멜로디 전개는 유럽에서 인기 있던 유로댄스나 전자댄스음악의 하나인 테크노 같은 음악에서 아주 많은 영향을 받았고, 미국의 R&B에서 기인한 뉴 잭 스윙new jack swing 과 힙합 비트에서도 굉장한 영향을 받았다. 거기에 1990년대 초중반 일본의 제이팝과 아이돌 음악의 춤, 의상, 무대 활동 방식 등에서도 영향을 받았다. 1990년대 신세대 댄스음악은 한마디로 미국 음악, 일본 음악, 심지어 유럽 음악까지 한데 뒤섞인 하이브리드라고 할 수 있다.

서태지와 아이들 신드롬

1990년대 신세대 댄스음악을 대표하는 가수는 당연히 3인조 남성 그룹 '서태지와 아이들'이다. 우리나라에서 서태지와 아이들은 그들과 관련한 서적과 논문만도 다수일 정도로 문화적으로나 음악적으로 엄청난 영향력을 가지고 있다. 서태지와 아이들 이후 제2, 제3의 서태지와 아이들을 꿈꾸는 많은 가수들이 등장했다. 서태지와 아이들과는 결이 조금 다르긴 하지만 듀스를 비롯해 R.ef, 룰라, 노이즈 등등 수많은 가수들이 댄스음악을 선보이며 국내 음악 차트를 휩쓸었다.

　그 당시 KBS2에서 방송되던 〈가요톱10〉이라는 음악 프로그램이 있었다. 지금의 음원 차트처럼 한국 대중음악 인기의 척도와도 같았던 이 프로그램의 매해 차트 결산을 살펴보면, 1990년에는 1년 동안 1위를 한 곡들 가운데 댄스음악이 단 두 곡인 반면, 불과 5년 뒤인 1995년에는 1위에 오른 곡 가운데 열 곡 이상이 댄스음악이었다. 5년이라는 짧은 기간에 한국 가요계의 판도가 완전히 바뀐 것이다. 이런 현상은 서태지와 아이들을 비롯해 그 맥을 이어 계속해서 등장한 많은 댄스음악 가수들의 영향력이 반영된 결과라고 할 수 있다.

신세대 댄스음악이 이처럼 단기간에 커다란 인기를 얻게 된 배경에는 정치적 자유화와 경제발전, 문화 산업의 성장뿐만 아니라 TV의 진화와 케이블 방송의 시작 등과 같은 미디어 환경의 변화에 힘입어 댄스음악이 '새로운 문화'의 상징으로 등극했다는 이유 또한 빼놓을 수 없다. 화려한 의상과 춤을 통한 음악의 시각화가 펼쳐진 것이다. 요즘 분들은 '그게 도대체 무슨 이야기지?'라고 할 테지만 1980년대 초반까지만 해도 한국에 컬러 TV가 그렇게 많이 보급되어 있지 않았다. 사실 나 역시 컬러 TV를 보며 자란 세대라 잘 실감하지는 못하는데, 1980년대 초반까지만 하더라도 우리나라의 TV 보급률 통계 자료를 보면 컬러 TV보다 흑백 TV를 보유한 가구가 더 많았다.

특히 1980년대 방송 통폐합 이후에는 TV 방송 채널 역시 KBS1, KBS2, MBC, 그리고 교육 방송뿐이었다. 그러다가 1980년대 중반에 컬러 TV 보급률이 급속히 높아지면서 사람들은 이제 그저 듣기만 하는 음악이 아닌 좀 더 화려한 볼거리를 제공하는 음악을 요구했다. 이윽고 1990년대에 케이블 방송이 시작되면서 채널도 다양해졌는데 엠넷, KMTV 등의 다양한 음악 전문 채널이 등장하면서 미디어의 환경 변화가 시작되었고, 이를 통해 사람들의 새로운 요구에 부합하는 화려한 볼거리를 제공하게 되었다.

신세대 댄스음악을 대표하는 곡으로는 서태지와 아이들의 〈하여가〉를 꼽을 수 있는데, 〈난 알아요〉 〈교실이데아〉 〈컴백홈〉과 같은 서태지와 아이들의 수많은 히트곡 가운데 이 곡을 꼽는 이유는 이 곡 속에 1990년대식 하이브리드 음악의 요소가 충실하게 담겨 있기 때문이다. 국악, 록, 힙합 장르가 한데 뒤섞여 있고, 거기에 화려하기 이를 데 없는 글로벌 최신 유행 힙합 춤과 새로운 패션 스타일이 결합해 어떤 시너지를 내는지를 극명하게 보여주는 모범 사례라고 할 수 있다.

서태지와 아이들이 좀 더 다양한 의미에서의 문화 하이브리드를 보여주었다면 듀스 같은 경우는 당시 미국의 최신 음악이었던 뉴 잭 스윙이나 힙합이 한국 음악과 결합을 했을 때 어떤 스타일의 하이브리드가 되는지를 보여준 모범 사례라고 할 수 있다. 특히 히트곡 〈굴레를 벗어나〉가 담긴 듀스 3집은 그런 부분을 아주 잘 보여주는 앨범이다.

서태지와 아이들이 마치 하나의 음악 종합선물세트 같은 그룹이었다면, 듀스는 미국 흑인음악의 바이브를 아주 잘 보여주었고, R.ef는 일본의 댄스음악과 패션 스타일을 잘 구현한 그룹이었다고 할 수 있다. 당시 R.ef 본인들은 자신들의 음악 스타일이 유럽의 레이브나 테크노 음악의 영향을 많이 받았다고 주장했지만(그룹 이름인 R.ef가 'Rave Effect'의 준말이다) 실제로 그들의 음악을 들어보면 레이브나 테크노 음악만큼 혹은 그 이상으로 당시 일본에서 인기 있던 댄스음악 스타일이 강하게 느껴진다. 특히 R.ef의 무대 의상과 패션 스타일은 당시 일본의 댄스음악 그룹이나 아이돌 그룹들의 스타일에서 많은 영향을 받았다는 것을 알 수 있다.

표절 논란과 케이팝의 등장

신세대 댄스음악을 이야기하면서 빼놓을 수 없는 한 가지가 바로 표절 이슈다. 미국 음악과 일본 음악의 이분법적인 인식과 소비가 다양한 장르의 영향을 받아 만들어진 신세대 댄스음악을 통해 어느 정도 해소되고, 교육 수준이나 도시와 시골의 지역과 상관없이 젊은 세대라면 누구나 즐기는 음악으로 자리매김했지만 그 화려함 이면에는 표절 논란이 끊이지 않았다.

지금도 간혹 표절 논란이 발생하곤 하지만 1990년대 당시에는 그 정도가 훨씬 심했다. 그중 대표적인 사례가 그룹 룰라의 표절 스캔들이다. 룰라는 남녀 혼성 4인조 그룹으로, 지금까지 방송에서 활발하게 활동하고 있는 이상민이 그룹의 리더였다. 1995년에 발매된 룰라 2집의 〈날개 잃은 천사〉는 소위 '대박을 친' 빅히트 곡이다. 남녀노소 누구나 이 노래를 모르는 사람이 없었고, 음악이 나오면 많은 사람들이 엉덩이를 툭툭 치며 춤을 추던 룰라 멤버 김지현의 춤 동작을 따라했다.

2집의 이 같은 인기에 힘입어 큰 기대를 모으던 3집이 발표되었는데, 나오자마자 3집의 〈천상유애〉가 표절 시비에 휘말렸다. 이 표절 시비는 이름부터 일본색이 짙은 6인조 그룹 '닌자'의 〈오마쓰리 닌자お祭り忍者〉의 후렴구와 비슷하다는 사실을 수용자들이 먼저 발견하고 공론화함으로써 수면 위로 올라왔다. 지금으로 치면 일종의 인터넷 게시판

이라고 할 수 있는 당시 PC 통신 음악 동호회 게시판에 룰라의 신곡이 일본 그룹의 노래와 비슷하다는 이야기가 나오기 시작한 것이다.

이 주장은 순식간에 일반 대중들에게 알려졌고, 급기야 미디어를 통해 보도되면서 공식적으로 논란이 되었는데 결국 법원으로부터 표절이라는 판정을 받았다. 시장에 나와 있는 3집 앨범들은 모두 회수되었고, 〈천상유애〉 곡은 법적으로 방송 금지 처분이 내려졌다. 룰라의 리더였던 이상민은 부끄러움에 고개를 들지 못했고 급기야 자살 시도까지 하는 상황이 전개되었다. 다행히 이상민은 건강상의 큰 위험 없이 치유되었지만, 표절 이슈가 그룹 활동에 영향을 끼치는 것은 피할 수 없었다.

이 표절 사건 이후 사람들은 다른 가수들의 곡들을 상대로도 표절 의심을 거두지 못했다. 그 결과 한순간에 우리나라를 사로잡았던 신세대 댄스음악은 힘을 잃고 몰락의 길로 접어들고 만다. 물론 표절이 아님에도 표절 혐의를 씌우는 억지스러운 주장도 있었지만, 지금처럼 유튜브를 통해 음악을 직접 비교할 수 없던 시절이었음에도 불구하고 이런 의혹들 중 상당수가 신빙성 있는 주장이었다. 그때까지만 해도 서로 쉬쉬하면서 굳이 드러내지 않았던 일본 음악의 영향력, 즉 우리가 얼마나 일본 음악을 참조해왔는지를 공식적으로 보여준 사례가 된 것이다.

1990년대 중후반 한국 대중음악계의 표절 스캔들은 신세대 댄스음악이라는 장르의 몰락과 가수들의 인기가 하락하는 안타까운 상황을 불러왔지만, 반면 한국 음악 산업에 있어서는 표절 행위에 대한 윤리 의식이 증대되고, 그리고 이를 계기로 대놓고 기존의 음악을 카피하기보다는 좀 더 다른 스타일의 음악을 창조하거나 진짜 우리의 음악을 만들어보자는 일종의 교훈을 얻었다.

이런 뼈아픈 교훈은 H.O.T.를 시작으로 하는 케이팝 시대의 개막과 맞물리게 된다. 흥미롭게도 〈천상유애〉가 표절 논란으로 뜨겁던 때가 1996년 초반이었고, H.O.T.가 데뷔한 시점이 1996년 후반이었다. 묘하게도 신세대 댄스음악이 몰락하면서 드디어 케이팝이라는 새로운 장르의 음악이 등장하게 된 것이다.

지금까지 한국의 대중음악이 어떤 식으로 미국 음악과 일본 음악을 레퍼런스 삼아 발전해왔는지를 살펴보았다. 한국 대중음악이 음악적 하이브리드로 새롭게 탄생하는 과정에서 등장한 이분법이 댄스음악을 통해 어떻게 해소되었고, 그 과정에서 어떤 한계가 있었으며, 그 결과 어떻게 케이팝의 반면교사가 되었는지를 알아보았다. 다음 장에서는 하이브리드가 단순히 음악적인 측면을 넘어 산업적인 부분에서 어떻게 형성되었는지 몇몇 사례를 통해 알아보도록 하겠다.

4장

케이팝의 하이브리드
비즈니스 모델

× ◄◄ ▶ ►► ↻

할리우드의 스타 시스템

케이팝의 하이브리드는 단순히 음악적인 측면에서뿐만 아니라 한국의 산업 분야에서도 그 사례를 충분히 찾아볼 수 있다. 산업 분야에서 어떻게 하이브리드가 일어나는지를 살펴보면 케이팝이 음악뿐만 아니라 다양한 측면에서 진정한 의미의 혼종 음악이라는 것을 확인할 수 있다.

케이팝 시스템은 우선 연습생을 뽑아 트레이닝을 시킨 뒤 데뷔로 이어진다. 데뷔 전과 후에도 사생활이나 음악적 측면, 활동 자체를 적극적으로 관리하는데, 제법 강제적인 간섭과 통제가 이루어지는 경우도 있다. 이것이 우리가 알고 있는 케이팝의 대표적인 시스템이다. 그런데 이런 시스템은 한국에서 단독으로 만들어졌다기보다 여러 다양한 시스템에서 영향을 받았다. 그리고 그 대상은 매우 오래된 것부터 최근의 시스템까지 아주 다양한데 이는 케이팝이 다양한 나라의 음악에서 영향을 받은 것과 유사하다.

지금으로부터 약 90~100여 년 전, 그러니까 1920~30년대의 할리우드 영화 산업 초창기에 '할리우드의 스타 시스템'이라고 불리던 스타 육성 과정에서 케이팝 시스템의 기원을 찾아볼 수 있다. 당시 할리우드는 몇 개의 대형 영화 제작사와 배급 스튜디오가 영화 산업을 과점寡占 지배하는 방식으로 운영되었다. 그들은 영화를 제작하고 배급하는 과정에서 스타와 전속으로 계약을 맺은 뒤 그 스타를 특정 영화사에서 제작하는 영화에만 출연시키는 방식을 사용했다. 이를 스타 시스템이라고 하는데 어린 시절부터 독점으로 계약을 맺어 스타로 키우며 그들의 사생활을 통제하는 식의 이미지 메이킹 전략이다.

이런 스타 시스템의 대표 배우로는 영화 〈오즈의 마법

사〉로 유명한 주디 갈런드Judy Garland가 있다. 그녀는 어린 시절 할리우드 스튜디오와 계약을 맺으면서 철저하게 사생활을 통제받았다. 그들은 그녀에게 약물을 복용해서라도 살을 뺄 것을 종용하며 혹독하게 다이어트를 시켰고, 밝고 명랑하고 예쁜 국민 여동생의 이미지를 만들어 자신들이 제작하는 영화에만 출연시켰다. 적극적으로 발탁을 하고 하나의 이미지를 만들어 그것에 맞게 교육한다는 점에서 오늘날 우리나라 아이돌 육성 시스템과 유사하다.

모타운의 포드주의

할리우드 스타 시스템이 우리나라 케이팝 비즈니스 모델의 원조라면, 미국의 유명한 레코드사인 모타운Motown에서 보여준 포드주의Fordism 제작 방식은 지금의 케이팝 시스템과 좀 더 직접적으로 연관이 있다.

미시간 주의 디트로이트에서 탄생한 모타운은 1960년대에 수많은 히트곡을 만들어냈는데 이 음반사의 가수로는 스티비 원더, 마이클 잭슨과 그의 형제들로 구성된 잭슨 파이브, 마빈 게이, 다이애나 로스 등 우리에게도 익숙한 이름들이 수두룩하다. 모타운은 가수들을 데뷔시킬 때 포드주의 제작 시스템을 적용했는데 그렇게 된 계기가 있었다.

모타운이 설립된 디트로이트에는 포드자동차 공장이 있었는데, 포드주의는 이 포드자동차 회사에서 처음으로 개발한 벨트를 도입한 일관적인 작업 방식에서 비롯된 용어다. 이 자동차 공장은 예를 들어 나사를 조이는 파트, 와이퍼만 조립하는 파트, 차 문을 만드는 파트 등 자동차를 만들 때 필요한 각각의 일들을 모두 분업화했고, 이곳에서 일하는 사람들은 자신에게 주어진 일만 지속했다. 이렇게 분업화된 시스템에서 일을 하자 사람들은 자신이 맡은 일에 빠르게 익숙해졌고, 그 결과 효율성이 높아져 짧은 시간 내에 더 많은 자동차를 생산해낼 수 있었으며, 제품의 품질도 보장되었다. 이것이 바로 포드주의의 핵심인 분업과 품질 관리Quality control의 기본 모델이다.

모타운 레코드의 설립자이자 작곡가인 베리 고디Berry Gordy Jr.는 실제로 젊은 시절에 디트로이트의 이 포드자동차 공장에서 일한 적이 있다. 그는 이 공장에서 배운 시스템을 자신이 좋아하는 음악을 만드는 데에 도입하면 좋겠다는 생각을 하게 되었는데, 실제로 그는 포드자동차 공장을 그만두고 레코드 회사를 설립해 자신이 몸소 포드자동차 공장에서 배운 포드주의를 레코드사 시스템에 도입했다.

음악 산업에서의 포드주의는 작곡, 작사, 의상, 이미지 메이킹 등의 각 분야마다 이를 담당하는 사람들이 따로 존재하는 방식으로 구현되었다. 그리고 가수는 이들 각각으로부터 모든 것을 지원받아 그것을 실연實演, 즉 실제 퍼포먼스로 구현하는 사람으로서만 존재하게 되는 것이다. 1960년대 당시 모타운 레코드사에는 홀랜드-도지어-홀랜드라고 불리는 세 명의 유명한 작곡가 팀이 있었는데 이들이 곡을 만들면 한쪽에서는 작사와 편곡이 이루어진다. 그렇게 해서 곡이 탄생하면 가수가 그 곡을 부르게 되고, 동시에 다른 한쪽에서는 그 가수의 이미지 메이킹을 담당한다. 가수에게 어떤 의상을 입히고, 어떻게 무대에 세울 것인지 등을 총체적으로 고민하는 것이다.

여기까지만 살펴보면 오늘날 한국의 기획사 시스템과 거의 흡사하다. 전속 작곡가가 있고, 전문 코디네이터와 전문 프로듀서가 있으며, 요즘에는 이미지 프로듀서도 있다. 이런 식으로 모든 분야가 전문적으로 분업화되어 있다. 그리고 가수는 자신이 직접 곡을 만들거나 무대 의상을 고민할 필요 없이 이들이 만들어 제공하는 것을 성공적으로 구현하면 되고, 그것이 곧 가수의 역할이다.

스티비 원더나 마이클 잭슨만큼 유명한 모타운 소속의 5인조 소울 보컬 그룹 템테이션스The Temptations가 대표적인 예다. 1965년에 발표된 이 그룹의 곡 〈마이 걸My Girl〉은 우리나라 TV 광고 음악으로 사용되었을 만큼 우리에게도 익숙하다. 이들은 무대 위에서 똑같은 옷을 입고 똑같이 춤을 추었는데, 지금의 케이팝 퍼포먼스처럼 화려하고 역동적이지는 않았지만 퍼포먼스를 구성하는 기본적인 형식 자체는 오늘날 우리나라의 아이돌들이 무대에서 하는 것과 크게 다르지 않았다. 이들은 무대에서 항상 양복을 입었는데 1960년대 당시 미국 사회에 만연해 있던 흑인에 대한 부정적인 이미지, 즉 못 배우고 거친 사람들이라는 식의 이미지를 깨기 위한 하나의 전략이었다. 레코드사는 이들에게 깔끔한 양복을 입혀 무대에 서게 함으로써 자신들이 의도한 새로운 이미지를 만들어냈다. 가수들의 취향이나 의도와 무관하게 레코드사가 정한 콘셉트의 이미지를 최대한 구현해내는 것이 목적이었고, 가수들은 그 기획대로 따라야 하는 것이 바로 모타운 특유의 매니지먼트 방식이다.

모타운의 이런 포드주의가 케이팝의 모델이 될 수 있었던 계기는 실제로 케이팝을 구현해낸 SM엔터테인먼트의 설립자이자 총괄 프로듀서인 이수만 씨가 1980년대 미국에서 유학하게 되면서부터다. 이수만 씨는 한 언론사와의 인터뷰에서 유학 생활 당시 TV를 통해 모타운 25주년 기념 축하 공연을 보게 되었는데, 그 순간 모타운의 시스템을 한국의 음악 제작 시스템에 도입시켜야겠다는 생각을 했다고 말한 적이 있다. 유학 시절에 우연히 접한 모타운 음악과 시스템이 후에 SM엔터테인먼트를 운영하는 데에 영감을 준 것이다. 그렇게 해서 미국 모타운 레코드사의 제작 시스템은 케이팝 시스템에 직접적인 영향을 주게 되었다.

일본의 아이돌 시스템

케이팝의 비즈니스 모델에 있어서는 미국뿐만 아니라 일본의 영향력 또한 무시할 수 없다. 특히 1962년에 설립된 일본의 남성 연예인 전문 기획사인 쟈니스가 그 대표적인 모델이라고 할 수 있다. 이 유명한 기획사는 아이돌을 양성하기 위해 이미지 메이킹을 하고, 모타운보다 더욱 적극적이고 구체적으로 춤과 노래까지 직접 가르치며 가수들의 트레이닝에 관여했다. 이른바 토털 매니지먼트total management 전략이다.

바로 이런 점이 한국 기획사들이 연습생을 발탁하고 훈련시키는 과정을 확립하는 데에 있어서 일본 기획사의 영향을 크게 받은 부분이다. 뿐만 아니라 최대한 미디어와 친밀한 관계를 맺어 자신들의 소속 가수들을 더 많이 노출시키고, 미국의 시스템과 달리 팬들과의 직접적인 교감과 소통을 만들어내는 데에 치중하는 식의 시스템 또한 일본 기획사로부터 영향을 받은 부분이라고 할 수 있다.

이렇게 만들어진 가수들을 일반적인 가수들과 달리 '아이돌'이라는 이름으로 불렀는데 이 또한 일본에서 직수입한 용어다. 아이돌이 영어 단어이기는 하지만 그 영어 단어를 활용하는 방식은 일본식에 가깝다. 우리나라와 일본에서 '아이돌'은 '우상'이라는 원래의 의미보다 특정한 스타일의 가수를 지칭하는 뜻으로 사용된다. 예를 들어 우리가 BTS를 아이돌이라고 부르지만 조용필을 아이돌이라고 부르지는 않는 것처럼 말이다.

이수만 씨가 모타운과 일본의 쟈니스로부터 영향을 받아 1996년에 만든 아이돌이 'H.O.T.'라고 하는 5인조 보이 그룹이다. H.O.T.는 공식적으로 이른바 최초의 아이돌 그룹 혹은 최초의 케이팝 그룹으로 불리며 큰 인기를 얻었다. SM엔터테인먼트는 토털 매니지먼트 전략을 기반으로 꾸준히 시스템을 개선하고 수정했다. 이후 YG엔터테인먼트나 JYP엔터테인먼트, 그리고 지금 가장 잘 나가는 하이브 같은 기획사들이 속속 생겨났고, SM엔터테인먼트의 이런 영향력은 케이팝의 독특한 정체성을 구성하는 핵심 요소로 자리 잡게 되었다.

스타일로서의 케이팝

한국은 음악적인 스타일뿐만 아니라 비즈니스 모델 역시 하이브리드를 바탕으로 형성·발전시켜왔다. 미국에서 영향을 받았지만 거기에 일본의 스타일도 참조했다. 또한 한국적인 완벽성 추구와 강한 경쟁 등처럼 한국의 정치경제적, 역사적, 사회적, 문화적 맥락이 결합하면서 현재의 케이팝 시스템이 자리 잡게 되었다. 그리고 이제는 케이팝 시스템이 그 원조 격인 미국이나 일본의 시스템보다 더 큰 독자성, 즉 오리지널리티를 획득하면서 그것이 마치 한국적인 시스템인 것처럼 여겨지게 되었다. 케이팝 음악과 비즈니스 모델을 단순히 미국이나 일본의 모방 혹은 아류로 여길 수 없는 이유다.

지금까지 살펴보았듯이 케이팝은 음악을 기본으로 하지만 시각적인 이미지와 더불어 그것을 실제로 행하는 사람들 사이의 관계가 더해져야 제대로 이해할 수 있다. 그렇기 때문에 음악만으로 케이팝을 정의하는 것은 의미가 없다. 글로벌한 감각의 음악적 형식, 춤, 패션과 외모 등의 외적 이미지, 독특한 미학의 뮤직비디오, 특유의 비즈니스 모델(아이돌-기획사 시스템), 새로운 미디어에 대한 높은 의존도, 가수에게 요구되는 미덕과 팬과 가수 사이의 독특한 관계, 그리고 음악을 만들고 유통하는 방식 등이 종합적으로 이루어져 비로소 장르로서의 케이팝이 완성된다. 신세대 댄스음악이 그랬던 것처럼 케이팝 역시 항상 열려 있는 자세로 틱톡, 유튜브 혹은 유튜브 쇼츠와 같은 새로운 미디어를 이용해 최첨단

음악으로서의 이미지를 구축해나가고 있다.

　케이팝의 정의가 너무 복잡하고 모호한 것 아니냐고 생각할 수도 있다. 하지만 힙합이 음악뿐만 아니라 의상, 그라피티, 댄스 등을 빼놓고 정의할 수 없는 것과 마찬가지로 케이팝도 수많은 다른 요소들이 종합적으로 어우러졌을 때 비로소 케이팝이라는 장르로서의 의미를 갖게 된다.

2부

♥ Z세대가 사랑한 케이팝

것은 그리 놀라운 일이 아니다. 가령 2022년 한 해 미국에서 가장 많이 판매된 실물 음반 차트 10위 안에 케이팝 가수 세 그룹이 이름을 올렸을 정도다(BTS 2위, 투모로우바이투게더 3위, 엔하이픈 8위).

특히 최근 6~7년 사이 케이팝의 성장세는 경이로운 수준이다. 우리의 문화가 해외에서 인기를 얻는 것에 대한 자랑스러움과 감격의 차원을 넘어 이제는 우리보다 해외에서 더 이런 현상을 신기해하는 경향이 있다. 도대체 왜 이렇게 전 세계 사람들이 케이팝을 좋아하는 것일까? 과연 누가 케이팝을 좋아하는 것일까? 해외에서는 케이팝을 특정 세대인 젠지 혹은 MZ세대들이 좋아하는 음악 혹은 그들의 문화적인 상징으로 인식하는 경우가 많다. 그 이유는 무엇일까?

젠지와 MZ세대 이 두 용어는 원래 마케팅 목적으로 고안해 사용하기 시작한 말이다. 그러면서 미디어 연구나 사회학, 심지어 정치 분야를 연구하는 사람들까지도 이 세대에 주목하게 되었고 점차 널리 알려지게 되었다.

먼저 젠지Gen Z는 Z세대를 일컫는 'Generation Z'의 약자로 1990년대 중반에서 2010년대 초반에 걸쳐 태어난 젊은 세대를 이르는 말이다. 1990년대 사용된 X세대라는 말을 기억할 것이다. 그다음이 Y세대로 불렸고, Y세대 다음이 바로 Z세대다.

MZ세대**MZ Generation**는 1980년대 초에서 2000년대 초에 출생한 밀레니얼**Millennials** 세대와 젠지를 통칭하는 말이다. 한국에서는 젠지라는 말보다 MZ세대라는 용어를 더 많이 사용하는데, 여기서는 MZ세대라는 용어보다 Z세대 혹은 젠지라는 말을 우선으로 사용할 것이다. 그 이유는 MZ세대는 젠지에 비해 세대를 아우르는 폭이 너무 넓기 때문이다.

1980년대 생부터 2010년 초반에 태어난 세대까지 아울러 MZ세대라고 한다면 결국 13세부터 43세까지를 하나의 세대로 묶게 되는 것이다. 그러면 이들 사이에 거의 부모와 자식 간의 나이 차이인 30년이라는 격차가 생기기 때문에 하나의 문화 현상을 설명하는 데에 있어서도 그렇고 심지어 마케팅 용어로 사용하는 데에 있어서도 적절하지 않다. 특히 케이팝의 세계화에 대해 설명하는 데에 있어서 이 부분은 반드시 짚고 넘어가야 할 문제다. 이런 이유로 여기서는 젠지라는 용어를 본격적으로 사용할 것이다.

디지털 원주민의 출현

젠지는 10대 중반에서 30대 초반 정도까지를 하나의 세대로 묶는데, 이들은 어려서부터 IT 기술을 다양하게 접하고 사용한 세대라는 미디어 문화적 특징을 가지고 있다. 출생 직후부터 인터넷 세상과 연결된 채 성장했고, 소셜 미디어를 통해 세상과 접속하고 타인과 소통하며, 세상을 이해하는 데에 있어서도 시각적 이미지와 영상에 대한 의존도가 매우 높다. 미디어 연구자들은 이들을 '디지털 네이티브 digital native' 세대라고 정의하는데, 쉽게 말해 인터넷이 없는 세상에 살아본 경험이 없는 사람들이다.

나의 딸아이가 2010년생이니까 젠지의 끄트머리 정도라고 볼 수 있다. 딸아이가 처음 태어났을 당시에는 당연히 인터넷이 있었고, 그때는 한국에서도 이미 스마트폰을 많이 사용하기 시작한 시기였기 때문에 이 아이는 스마트폰이 없는 세상, 인터넷이 없는 세상에 대한 기억이 아예 없다. 그렇다 보니 우리가 숟가락 젓가락을 사용하는 데에 전혀 어려움을 느끼지 않는 것처럼 딸아이는 따로 배우지 않아도 스마트폰이나 컴퓨터 같은 디지털 기기를 사용하는 데에 있어서 별다른 어려움이나 어색함을 느끼지 않는다. 스마트폰 카메라로 '셀피'를 찍으면 어찌나 구도를 잘 잡아 내는지 내가 찍은 것에 비하면 결과물이 너무 출중해서 놀라울 정도다. 게다가 내가 모르는 앱도 다양하게 사용한다. 그런데 누구도 아이에게 그런 것들을 가르쳐준 적이 없다. 사실 스마트폰을 사용하도록 허락한 지도 얼마 되지 않는다. 그런데도 아이는 아주 능수능란하게 스마트폰을 다룬다.

'디지털 원주민'의 상대 개념으로 '디지털 이주민digital immigrants'이라는 말을 사용하는데 나와 비슷한 세대가 아마 대표적인 디지털 이주민일 것이다. 내가 대학교 신입생일 때만 해도 인터넷은 학교나 도서관에 가야만 사용할 수 있었고, 고작해야 집에서 PC 통신 정도 사용하는 게 전부였다. 이메일도 대학교에 들어가서야 본격적으로 사용하기 시작했다. 그러니까 좋게 말하면 아날로그와 디지털을 두루 경험한 세대이고, 나쁘게 말하면 성장기에 인터넷을 아예 접하지 못하다가 어른이 되어서야 인터넷 세상으로 끌려 나온 디지털 이주민이다.

그나마 나는 20대 초반에 디지털 세계에 입문했으니

다행이지 3, 40대에 디지털 세계에 들어선 나보다 윗세대인 사람들은 여러 면에서 새로운 세계에 대한 적응에 어려움이 따를 수밖에 없다. 예를 들어 비교해보면 이렇다. 만일 내가 스무 살 때 미국에 이민을 가서 20여 년 정도를 살았다면, 그래도 젊은 시절에 갔으니 어쨌든 영어도 잘하고 소통을 하는 데에 아무 무리가 없을 것이다. 하지만 아무리 그래 봐야 미국에서 태어나고 자란 교포 2세에 비하면 영어 발음도 차이가 있고, 후천적으로 습득한 것이다 보니 현지 감성도 훨씬 떨어질 수밖에 없다. 이것이 바로 디지털 네이티브와 디지털 이주민 사이의 본격적인 차이점이다.

그들만의 세상, 그들만의 소통

스마트폰 없이 집 전화로 소통하거나 엽서로 음악을 신청하던 시대도 경험했고, 카톡처럼 손쉬운 메신저도 사용하는 나와 다르게 내 딸아이와 같은 젠지들은 페이스북이나 카톡, 인스타그램 DMdirect message 등과 같은 메신저를 포함한 소셜 미디어가 소통의 주요 수단이다. 그것을 통해 세상과 소통하며 서로의 일상을 공유하는 것이 당연하고 지극히 자연스럽다. 그렇다 보니 이들은 종종 직접 만나 이야기하거나 전화 통화를 하는 것을 오히려 부담스러워한다.

젠지들은 인터넷과 스마트폰, 그리고 소셜 미디어에 대한 의존도가 매우 높기 때문에 소셜 미디어에 접속해 있지 않거나 인터넷이 없는 세상에서는 엄청난 불안감을 느낀다. 세상과 단절된 느낌을 받는 것이다. 또한 아주 어렸을 때부터 인터넷이나 스마트폰에 익숙한 삶을 살다 보니 이들에게는 시각적인 이미지를 통해 세상을 이해하고 다른 이들과 소통하는 방식이 보편적이다.

나는 내 딸아이와 나의 정보 검색 방식을 통해 세대 간의 차이를 확연히 느꼈다. 나의 경우에는 어떤 제품을 사려고 할 때 그 제품의 개봉기나 사용기 등의 정보를 구글이나 네이버를 통해 검색한다. 그런데 딸아이는 구글이나 네이버가 아니라 유튜브나 소셜 미디어의 해시태그를 통해 자신이 원하는 정보를 검색한다.

요즘 미국에서는 유튜브도 아니고 심지어 틱톡을 통해 검색하는 경우도 많다고 한다. 틱톡의 그 짧은 영상으로 도움이 되는 정보를 검색하는 것이 가능한지 의문이지만 그건 어디까지나 나만의 기우일 것이다. 문자로 길게 쓰인 블로그 글이나 인터넷 커뮤니티의 글을 읽는 것보다 영상으로 만들어진 것을 보는 것이 젠지들에게는 훨씬 더 익숙하기 때문이다. 나 같은 사람이 보기에는 30초 만에 글과 사진을 통해 정보를 얻을 수 있는데 굳이 15분짜리 유튜브 영상을 보는 행위가 꽤나 비효율적인 것 같지만, X배속 빨리 돌려보기와 건너뛰기 기능을 자유자재로 사용하며 이미 그런 시각적 매체를 활용하는 방식에 익숙한 젠지들에게는 영상이 훨씬 더 편하다.

일일이 사진이나 글을 손가락으로 넘겨가며 보는 것 자체가 귀찮은 일이기 때문에 필요하면 빨리 돌리기를 해서라도 동영상을 보는 것이 훨씬 익숙하다. 그들에게는 시각적인 이미지나 영상을 즐기는 것이 단순히 시간 절약이나 효율성의 문제가 아니다. 그것은 그냥 그들의 언어다. 이런 현상은 내 딸아이를 비롯한 한국의 젠지뿐만 아니라 전 세계 젠지들에게서 공통적으로 나타나는 시대적 현상이다.

2장

Z세대는 과거 특정 세대와
어떻게 다를까

✕ ◀◀ ▶ ▶▶ ↻

히피, X세대 그리고 젠지

한국이나 미국, 일본 등 전 세계 젠지들의 일반적인 생활 패턴이나 행동 패턴, 그리고 세상을 이해하는 방식 등은 국가나 지역별로 크게 다르지 않다. 그게 뭐 새롭고 대수로운 일이냐고 생각할 수도 있지만 사실 이런 현상은 매우 전례 없는 일이다.

물론 과거에도 제2차 세계대전 이후 생겨난 베이비붐 세대나 1960년대를 대표하는 히피, 1990년대의 X세대 등 그 시대를 대표하는 세대가 존재했다. 이런 용어들은 대부분 그 시대 혹은 그 세대만의 특징을 적극적으로 반영한다. 하지만 이 세대를 대표하는 문화적 특징들은 전 세계에서 동시다발적으로 일어나지도 않았고 당연히 다른 지역이나 인종, 계급과 그 특성을 공유하지도 않았다. 예를 들어 히피 세대가 미국 백인 중산층 젊은이들의 문화적 특성을 반영한 것일 수는 있지만, 동시대를 사는 한국 젊은이들의 특성을 반영한 것은 아니기 때문이다. 다시 말해 히피 문화가 1960년대 전 세계 청년 문화를 대표할 수는 없다는 뜻이다.

X세대라는 용어 또한 한국에서도 쓰였고 미국에서도 쓰였지만 미국에서의 X세대와 한국에서의 X세대는 그 개념이 매우 다르다. 한국에서의 X세대가 새로운 문화에 도발적으로 반응하는 세대로서 '이렇게 입으면 기분이 좋거든요'라는 말로 표상되는 당차고 겁 없는 '신세대'를 지칭하는 것이었다면, 미국에서의 X세대는 오늘날의 니트족(니트Neet는 'Not in Education, Employment or Training'의 줄임말로 일하지 않고 일할 의지도 없는 청년 무직자를 뜻하는 신조어)처럼 취업하지 못한 채 집에서 매일 음악이나 듣고 비디오나 보면서 세상에 대한 희망을 갖지 못한 채 좌절과 우

울로 가득 찬 세대들을 일컫는 말이었다. 경제 성장과 발전으로 인한 장밋빛 전망이 가득하던 당시 한국과는 달리 1990년대 초반의 미국은 경기 침체와 저성장으로 고민이 깊었던 시기이기 때문이다. 이렇게 과거 한국의 20대와 미국의 20대는 문화적인 차이 이상의 또 다른 세대 특성을 가지고 있었기 때문에 그 세대들을 하나로 묶을 수 있는 언어는 존재하지 않았다.

앞서 언급한 히피 문화에 대해 좀 더 자세히 이야기해보자. 1960년대 젊은 층의 문화를 대표하는 것으로 여겨지는 당시의 히피 문화는 사실 서유럽과 미국의 백인 중산층 중심의 문화였다. 그렇기 때문에 같은 시기 한국의 20대와 베트남의 20대, 멕시코의 20대, 체코의 20대들의 문화를 하나의 히피 문화적 특성으로 설명하기는 어렵다. 심지어 같은 시기 미국에 살았던 20대일지라도 빈민층 흑인인 경우에는 히피 문화와는 엄청난 거리가 있었다. 이는 앞서 언급한 것처럼 1970년대의 '세시봉' 문화가 당시 한국 청년 전체의 문화와 정서를 대변할 수 없는 것과 비슷하다.

히피들이 기성세대의 억압으로부터 자유와 반전, 성적 자결권 등을 부르짖던 같은 시기, 미국의 한쪽에서는 마틴

루터 킹이나 말콤 엑스 같은 인권운동가들을 필두로 인종 차별에 맞선 흑인 민권운동Civil Rights Movement이 한창이었다. 지금도 여전히 인종차별 문제가 야기되고 있고, '흑인의 목숨도 소중하다'라는 뜻의 BLMBlack Lives Matter과 같은 흑인 민권운동이 일어나고 있지만 당시는 지금과는 비교도 할 수 없을 정도의 인종차별이 적나라하게 행해지던 시대였기 때문이다.

게다가 미국 남부 지역에서는 세그리게이션segregation이라는 인종 분리 정책이 법제화되어 있었다. 예를 들면 흑인들은 흑인 전용 버스에만 탑승할 수 있었고, 또 같은 버스 안에서도 좋은 자리는 백인들 전용으로 흑인들은 그 자리에 앉을 수 없는 식이다. 그렇기 때문에 흑인들은 당시의 히피 문화는 자신들의 문화가 아니라고 생각했다. 반전도 성적 자결권도 물론 중요하지만 그들에게 더 중요한 것은 생존 그 자체였으며, 똑같은 인격체로서 자신들의 권리를 찾는 것이 무엇보다 중요한 문제였다.

마찬가지로 1960년대 한국의 20대들은 분단으로 인한 이념 대립과 가난, 군사 독재 아래에서 신음하며 민주주의와 경제발전을 갈구하던 시기였고, 베트남의 20대는 전쟁으로 인해 사느냐, 죽느냐의 문제가 훨씬 더 중요하게 와닿았기 때문에 히피 문화는 그저 남의 나라 이야기일 뿐이었다. 이렇듯 지금까지는 히피나 X세대 등의 그 어떤 용어로도 전 세계 같은 나이대의 사람들을 하나로 묶어 설명할 수 없었다. 과거에 무슨 무슨 세대라고 하는 것은 특정한 지역, 특정한 인종, 특정한 계급의 특정한 문화를 대표하는 정도에 그쳤을 뿐이다.

글로벌 보편성을 가진 Z세대의 문화 감수성

이처럼 과거에는 인종이나 계층, 경제적 차이에 따라 서로 간의 문화적 정체성과 관심사가 매우 달랐기 때문에 동시대 같은 세대라고 하더라도 그들을 하나로 묶어 설명하는 데에는 한계가 있었다. 예를 들어 한국의 586세대라고 하면 1960년대에 태어났고 1980년대 학번인 50대를 일컫는다. 그런데 '8'이 학번을 지칭한다는 것은 이미 대학을 나온 사람들로 그 세대의 의미를 한정 짓는다는 것을 알 수 있다. 그 당시 대학 진학률이 20퍼센트 조금 넘는 수준이었으니 80퍼센트 정도의 사람들이 자의든 타의든 대학에 진학하지 못한 시대였다. 586세대라는 말이 얼마나 한정적인 사람들을 의미하는지를 알 수 있는 대목이다. 그렇기 때문에 동시대 사람이라고 해서 모두 다 586세대라고 할 수도 없고, 또 586세대라고 해서 모두 다 학생운동을 한 사람들로 단정 지을 수도 없다.

그러나 Z세대, 즉 젠지라는 용어는 586세대나 히피라는 용어와는 세대를 아우르는 범주가 확연히 다르다. 이들은 앞서 설명했던 것처럼 트위터, 페이스북, 인스타그램, 유튜브 등의 글로벌 인터넷 미디어 플랫폼을 중심으로 문화를 형성한 세대이기 때문이다. 글로벌 미디어 플랫폼은 말 그대로 특정 지역의 사람만이 아니라 전 세계인들이 사용하는 미디어라는 뜻이다. 그러니까 언제 어디서든 어느 나라의 사람과도 실시간으로 정보를 교환하고 문화를 공유하는 것이 가능한 세대다.

나는 몇 년 전 케이팝을 다룬 넷플릭스의 한 다큐멘터리에 출연한 적이 있다. 그 다큐멘터리를 보고 내 얼굴과 이름을 알게 된 해외 케이팝 팬이나 연구자들 중에 SNS 댓글이나 메시지를 통해 케이팝에 관련한 것들을 물어보는 경우가 종종 있다. 그중에는 크로아티아 국영 TV의 기자도 있었다. 먼저 그는 내가 출연한 넷플릭스의 다큐멘터리를 보았을 테고, 거기서 알게 된 내 이름을 페이스북에서 검색해 나에 대한 정보를 찾아낸 뒤 나에게 직접 연락을 취해 자신이 궁금한 것에 대해 질문을 했을 것이다.

이처럼 오늘날은 전 세계가 글로벌 인터넷 플랫폼을 기반으로 모두 연결되어 있다. 불과 20~30여 년 전만 해도 상상할 수 없는 일이었다. 1990년대 미국의 20대들이 동시대 한국의 20대가 무슨 생각을 하고 무엇을 즐기며 어떻게 살아가는지 알 방법도 없었고, 사실 크게 관심도 없었다. 하지만 지금은 내가 딱히 관심을 두지 않아도 이런 것들을 손쉽게 알 수 있다. 유튜브만 봐도 전 세계에서 일어나고 있는 온갖 이슈와 흥미로운 영상들이 끊임없이 올라오기 때문이다.

유튜브나 인스타그램, 틱톡 등에 올라온 영상을 볼 때 나를 비롯한 일반 수용자들은 그 영상이 어느 나라에서 만들어진 것인지, 어느 국적의 사람이 만든 것인지에 별 관심이 없다. 재미있는 영상이면 국적이나 인종에 상관없이 누구나 '좋아요'를 누르고 재생할 수 있으며, 클릭 한 번으로 쉽게 퍼 나르고 공유할 수 있다. 내가 올리는 글이나 영상도 전 세계의 다른 사람들이 얼마든지 볼 수 있고, 나 또한 전 세계 다른 사람들의 글과 영상을 클릭 몇 번 혹은 손가락 터치 몇 번으로 아주 쉽게 볼 수 있다.

우리는 책상에 앉아서, 침대에 누워서, 카페에서, 학교에서, 직장에서, 그 어디에서건 소셜 미디어나 다른 글로벌 인터넷 플랫폼에 접속만 하면 전 세계 곳곳에서 일어나는 일들을 별다른 노력 없이 실시간으로 알 수 있다. 그렇다 보니 그와 같은 환경에서 살아가는 세대라면 비슷한 사이트에 접속해 비슷한 것들을 접하며 공통의 문화 경험을 공유하고 비슷한 취향을 형성해나간다.

요즘 젊은 세대들은 TV보다 유튜브나 넷플릭스를 더 많이 본다고 한다. 그리고 이런 매체들은 우리나라 사람만이 아니고 전 세계 사람들이 모두 본다. 그렇다 보니 한국에서 인기 있는 드라마가 실시간으로 미국 현지에서도 인기를 얻거나, 드라마 편집 영상에 보면 영어로 댓글이 달리는 경우는 더 이상 놀랍지도 신기하지도 않은 현상이다.

이렇게 같은 미디어 플랫폼을 통해 같은 것을 소비하면 할수록 문화적으로 비슷한 정체성이 형성될 수밖에 없다. 물론 세부적으로 들어가면 지역이나 국가, 대륙에 따른 어느 정도의 차이는 있겠지만 대개는 그렇다. 그리고 이런 미디어 환경에서는 과거보다 민족, 인종, 계층에 따른 문화적인 차이가 크게 드러나지 않는다. 물론 집단 간에, 그리고 개개인 간에 차이가 존재할 수밖에 없지만 이런 미디어 환경에서는 그 차이를 넘어서는 보편적인 감성이 형성되고 어릴 적부터 그런 문화를 공유하기 때문이다.

이국적인 문화에 대한 양가적 태도

지금까지 살펴본 대로라면 오늘날 젠지로 불리는 세계 각국의 20대 중반 사이에 문화적 감수성 차이는 거의 존재하지 않는다고 볼 수 있다. 하지만 여기에도 조금 주의할 부분이 있다. 한국의 20대들이건 미국의 20대들이건 그 세대들이 워낙 다양한 것을 접하다 보니 그 어느 시대의 세대보다 열린 감수성을 가지고 있을 거라고 생각할 수 있다. 그리고 그것이 일정 부분 사실이기도 하다. 하지만 언제나 꼭 그런 것만은 아니다.

물론 어렸을 때부터 국적과 관계없이 다양한 영상을 찾

아보고 그런 것에 익숙해져 있는 것은 맞다. 글로벌하게 공유되는 재미있는 영상의 예를 들어보자. 그 영상을 만든 사람이 브라질 사람이건 미국 사람이건 폴란드 사람이건 자신의 취향에 맞고 재미있기만 하다면 젠지들에게 그 영상의 국적은 아무런 상관이 없고, 거부감도 없다. 일찍부터 워낙 다채로운 영상을 접하다 보니 낯선 언어권의 영상을 볼 때도 그들은 이렇다 할 이질감을 느끼지 않는다.

다시 말해 젠지들이 영상을 선택할 때는 나와 같은 문화권인지, 나와 같은 언어권인지가 중요한 것이 아니라 내 취향에 맞는지, 나의 관심사와 부합하는지가 우선이다. 특히 요즘의 알고리즘 시스템은 이런 경향을 더욱 강화한다. 가령 우리가 유튜브에서 어떤 영상을 몇 개 보고 나면 그 영상과 비슷한 주제나 콘셉트의 또 다른 영상들을 유튜브가 추천해준다. 음악도 마찬가지다. 이렇게 AI가 소비자의 취향과 유사한 콘텐츠를 추천해주는 것이 바로 알고리즘이다. 그러면 우리는 또 계속해서 그런 취향과 스타일의 영상들만을 보게 된다. 결국 우리는 내 취향에 맞는 영상만을 선택적으로 소비하게 되고 나의 관심사가 아닌 주제나 나의 흥미를 끌지 못하는 영상들은 아예 보지 않게 된다.

이는 과거와는 크게 다른 미디어 소비 방식이다. 내가 어렸을 때는 TV 채널이 세 개밖에 없었다. 월요일 밤 10시만 되면 아버지께서 〈가요무대〉라는 프로그램을 보셨는데 울며 겨자 먹기로 아버지 옆에 앉아 그 프로그램을 봤던 기억이 있다. 안 그러면 방에 들어가 자거나 공부를 하는 거 외에 다른 선택권이 없었기 때문에 싫어도 하는 수 없이 그 프로그램을 볼 수밖에 없었다. 그러다 보니 자연스럽게 그 프로그램에서 나오는 노래들을 월요일마다 반복해서 들었고, 부수적인 효과로 나는 내 의지와 상관없이 1950~60년대 한국의 노래와 가수들을 많이 알게 되었다. 어떻게 보면 이것은 미디어 선택권이 제한적이던 시절의 의도치 않은 순기능이다. 어떤 이유에서건 내 취향과 맞지 않고 싫어하는 것도 접하게 되면서 좀 더 다양한 문화를 받아들일 수 있게 되었으니 말이다.

그런데 요즘은 다르다. 아버지가 보는 프로그램이 자기 맘에 들지 않으면 아이들은 옆에서 스마트폰을 보거나 아예 방에 들어가 태블릿이나 노트북으로 다른 영상들을 본다. 이제 지루한 〈가요무대〉 같은 프로그램은 안 봐도 되지만 점점 자신의 취향 이외의 것들을 접할 기회를 잃는다. 지속적으로 지금 내가 좋아하는 것, 내가 관심 있는 것들만 보다 보면 국적이 다른 것에 대한 거부감은 없어질지언정 내 취향에 맞지 않는 것에 대한 거부감이나 배타성은 더욱 심화된다.

그래서인지 젠지들의 문화에 대한 태도는 과거에 비해 훨씬 극단적이다. 과거에는 관심사가 좀 더 폭넓었다면 지금은 훨씬 좁고 깊어졌다. 내가 싫어하고 내 취향에 안 맞고 내 관심사가 아닌 것은 극단적으로 배제하거나 알려고 하지도 않을뿐더러 심지어 공공연하게 배타성을 드러내는 것이 무척이나 당연한 시대가 되었다. 바로 이런 점들이 기성세대가 젠지를 이해하기 어려운 부분이기도 하다.

간혹 '저 아이들은 우리 때보다 인종차별이나 타 인종에 대한 편견은 훨씬 줄어들었는데 왜 나와는 다른 누군가를 싫어하거나 욕하는 경우는 많아졌을까?'라며 젠지의 상반된 특징을 문제 삼는 사람들이 있다. 하지만 어떤 면에서 본다면 그런 현상은 상반된 것이 아니라 문화적 정체성 혹은 미디어를 통해 형성된 문화 소비 패턴의 극단적 경향이 하나의 정체성 안에 내재하게 된 것이라고 볼 수 있다.

3장

케이팝 세계화와 Z세대

인터넷 미디어 플랫폼을 중심으로 확산된 문화

자기와는 다른 문화에 대한 거부감 없이 글로벌한 보편적 감수성을 가지고 있는 젠지. 그들은 어쩌다 케이팝을 자신들의 문화적 상징으로 여기게 되었을까? 싸이의 〈강남스타일〉을 떠올려보면 이해가 조금 쉬울 수 있다.

〈강남스타일〉은 사실 한국의 음악 팬들을 대상으로 만들어진 음악이다. 싸이가 인터뷰 등을 통해 여러 차례 밝힌 바에 따르면, 자신은 〈강남스타일〉을 발표할 때 다른 나라 사람들이 이 곡을 들을 거라고는 전혀 생각하지 않았다고 한다. 어디까지나 한국 사람들을 염두에 두고 만든 곡이다 보니 한국 사람이라면 제목이나 가사에 숨겨진 의미와 맥락을 쉽게 이해할 수 있다. 특히 이 곡을 전 세계적인 히트곡으로 만드는 데에 결정적인 역할을 한 뮤직비디오에는 한국 사람들이 이해할 수 있는 요소들이 가득하다. 가사 속의 화자는 자신이 '강남스타일의 잘 나가는 오빠'라고 외치지만 뮤직비디오에 등장하는 싸이의 모습은 세련된 '강남 오빠'와는 거리가 먼, 허세로 가득한 촌스럽기 그지없는 졸부 캐릭터로 연출되어 역설적인 효과를 드러낸다.

이는 재미와 풍자, 위트를 보여주기 위해 의도된 것으로 한국 사람이라면 얼마든지 이해할 수 있는 정서다. 하지만 한국의 현대 사회와 문화에 대한 이해가 없는 다른 나라 사람들이 우리의 이런 정서를 선뜻 이해하기는 쉽지 않다. 우선 〈강남스타일〉 속의 '강남'이 가지고 있는 지역적 의미 이면에 깔려 있는 뜻을 알기도 어렵다. 그럼에도 불구하고 〈강남스타일〉이 글로벌한 히트를 기록할 수 있었던 것은 가사와 상관없이 음악이 흥겹기도 하고, 또 무엇보다 뮤직비디오 영상이 주는 재미 때문이었을 것이다. 외국 사람들

입장에서는 무슨 뜻인지 잘 몰라도 뮤직비디오가 웃기고 재미있으니까 자신들이 직접 이 뮤직비디오를 패러디하거나 커버 댄스 영상을 만들어 유튜브에 올리게 되고, 그 영상을 또 서로 공유하면서 네티즌들 스스로 홍보 효과를 만들어내는 일종의 바이럴 마케팅viral marketing이 형성된 것이다.

케이팝은 이처럼 인터넷 미디어 플랫폼의 특성을 바탕으로 이루어진 문화다. 과거에는 그 역할을 유튜브가 도맡아했다면 이제는 틱톡이나 유튜브 쇼츠 같은 1분 내외의 짧은 영상으로 바뀌고 있다. 더불어 〈강남스타일〉의 경우처럼 시각적으로 재미있는 요소들이 많고 춤도 따라 추기 쉬워서 팬들이 이를 패러디하거나 커버 댄스하는 경우가 아주 많았는데 이것이 바로 케이팝의 전형적인 특성이다. 시각적인 요소를 강조하고, 유튜브 콘텐츠에 적합한 다양한 2차 영상을 제작하고 공유하는 것이 매우 용이하며, 인터넷을 통해 팬들과 지속적으로 소통하는 것이다.

신세대 댄스음악 시절부터 케이팝까지, 음악 스타일 자체가 시각적인 부분을 강조해 인기 요소를 극대화하는 것이다 보니 당연히 기억에 남는 춤과 비디오 영상을 강조할 수밖에 없는데 이것이 의도치 않게 새로운 미디어 플랫폼의 양식과 아주 잘 맞아떨어졌다. 그러니까 케이팝 글로벌 인기의 초기에는 우연적인 요소가 강했다고 볼 수 있다. 그렇게 우연적인 요소로 시작되었지만 케이팝 업계에서는 이런 현상을 즉각 간파했고 이 부분을 집중적으로 공략하기 시작했다. 다시 말해 케이팝이 가지고 있는 특성과 젊은 젠지들이 주로 이용하는 인터넷 미디어의 특성이 우연히 잘 맞아떨어졌고, 그 부분을 발견한 업계에서 굉장히 공격적이고 집중적으로 그 부분을 극대화한 것이다.

특히 한국의 아이돌들이 인터넷을 통해 팬들과 밀착 관계를 형성하는 모습은 인터넷 미디어의 특성을 공유하는 해외 팬들에게 굉장히 매력적으로 느껴졌다. 끊임없이 팬들에게 자신들을 노출하며 인터넷으로 생방송까지 하는 한국 아이돌들의 모습은 새로운 콘텐츠에 목말라 있는 해외 팬들에게 무엇에도 비할 바 없이 신선하고 매력적인 콘텐츠였다. 바로 이런 부분이 케이팝을 단순히 음악이 아닌 하나의 문화적인 요소로 격상시킨 점일 것이다.

음악은 원래 귀로 듣는 것이 가장 우선이고, 그다음에는 뮤직비디오를 보거나 가수의 퍼포먼스를 즐기고, 팬심이 강해지면 음반이나 소위 굿즈로 불리는 MD^{merchandise} 구매까지 이어지게 된다. 하지만 케이팝의 경우는 거기서 끝나지 않는다. 싸이의 〈강남스타일〉을 예로 들었던 것처럼 팬들 스스로 그 뮤직비디오를 응용하거나 패러디한 2차 영상을 만들어 공유한다는 또 하나의 특성을 가지고 있다.

젠지들의 유희적 도구

스마트폰 시대인 오늘날에는 누구든 맘만 먹으면 영상을 찍을 수 있고, 그 영상을 글로벌 미디어 플랫폼에 올릴 수 있다. 과거에는 영상 하나를 찍으려고 해도 고가의 장비가 있어야만 가능했고, 그것을 또 인터넷에 올리기 위해서는 어렵고 수고로운 편집 과정을 거쳐야 했기 때문에 아무나 손쉽게 할 수 있는 일이 아니었다. 하지만 오늘날 그 정도의 일은 누구나 가능하다. 그리고 이렇게 수용자들이 셀카나 동영상을 찍어 SNS에 올리면 그것 자체가 하나의 콘텐츠가 된다.

이렇게 영상 콘텐츠를 직접 만들어 즐기고 공유하는 것

이 일상의 중요한 부분인 젠지들에게 케이팝은 음악을 넘어 장난감 놀이를 하는 것과 같은 일종의 유희다. 단순히 음악을 듣는 것만이 아니라 관련된 여러 콘텐츠를 장난감처럼 가지고 놀며 패러디 영상이나 커버댄스도 만들고, 그리고 또 그것에 대한 반응(리액션) 동영상도 만든다.

물론 이 모든 것이 자신의 즐거움을 위해서이지만 이는 다른 이들과 소통하는 또 다른 계기가 된다. 일종의 개인 미디어라고 할 수 있는 나의 이런 콘텐츠를 보고 사람들이 그것에 '좋아요'를 누르고 댓글을 달고 DM을 보내주거나 하게 되는데 그것 자체가 젠지들에게는 또 하나의 소통이다. 케이팝은 젠지들의 이런 개인 미디어 놀이와 시스템에 더할 나위 없이 훌륭한 도구로 활용될 수 있었다.

흥미롭게도 이런 현상들은 케이팝 산업이 처음부터 의도했던 것은 아니다. 이는 음악 관련 업계에 종사하는 분들뿐만 아니라 나처럼 문화 산업에 관해 연구하고 분석하는 사람들 역시 매우 흥미로워하는 부분이기도 하다. 케이팝도 그렇지만 문화 산업, 특히 음악 산업에서의 성공은 매우 우연적인 형식으로 이루어지는 경우가 많다. 알다시피 우연은 예측하기 어렵다는 특징을 가지고 있다.

경영학 서적이든 미디어 서적이든 음악 산업에 관한 여러 책을 읽다 보면 어김없이 등장하는 말이 음악 산업은 가뜩이나 예측이 어려운 문화 산업 영역 중에서도 가장 성공에 대한 예측이 어려운 분야라는 이야기다. 하지만 그렇게 예측하기 어려운 부분임에도 불구하고 어떤 우연적 결합으로 인해 긍정의 효과가 나타났을 때 그 효과를 얼마나 빨리 알아차리고 그것에 기반한 상품을 만들어내느냐 하는 것이 결국 문화 산업 종사자들의 역량이자 노력의 일환일 것이다. 미디어도 일종의 문화 상품이기 때문이다.

뻔한 이야기이긴 하지만 '행운은 준비된 자에게 온다'라는 말처럼 우연히 발견한 기회를 제대로 활용하기 위해서는 늘 준비가 되어 있어야 한다. 케이팝 팬들이 재미있는 뮤직비디오를 좋아하고 또 유튜브 활용하기를 좋아한다는 특징을 발견했다 하더라도 평소 준비가 되어 있지 않으면 발 빠르게 그에 기반한 문화 상품을 만들어내기가 어렵다. 싸이의 〈강남스타일〉 뮤직비디오가 소위 '대박'을 터트린 것도 1990년대 말부터 한국 대중음악계에서 조성모를 비롯해 SG워너비, S.E.S, 최진영, 임창정, KCM, 브라운아이즈 등의 블록버스터급 뮤직비디오를 공들여 제작하고 히트시키며 쌓아온 개성적인 영상 미학과 노하우가 있었기에 가능한 일이었을 것이다.

이처럼 인터넷 미디어 플랫폼과 젠지의 문화적 취향이 아무리 케이팝과 잘 어울린다고 해도 케이팝 산업이 준비되어 있지 않았다면 이런 노하우를 바탕으로 고품질의 문화 상품을 만들어내고 그것을 통해 전 세계의 새로운 팬들을 끌어들이는 일은 불가능했을 것이다. 아무리 우연히 일어나는 성공이라 하더라도 그것을 포착해 상품화하기 위해서는 평소 꾸준히 닦아온 토대가 있어야 한다.

케이팝의 이런 성공 신화는 젠지들로부터 또 하나의 공감을 이끌어냈다. 싸이나 BTS 등의 케이팝 가수들이 해외에서 인기를 얻는 경우를 보면, 소니 뮤직이나 워너 뮤직, 유니버설 뮤직 등과 같은 글로벌 대형 미디어 기업에 소속되어 그들의 적극적인 지지와 마케팅을 발판으로 성공하는 소위 금수저 스타일은 거의 없다. 케이팝 기획사가 아무리 크다고 해도 해외 유수의 글로벌한 음악 레이블과 비교하면 그 규모는 거의 영세한 수준이라고 할 정도로 작기 때문이다.

이런 작은 회사에서 전 세계적으로 유명세를 떨치며 성공의 트로피를 거머쥔 가수들을 만들어냈다는 것은 밑바닥부터 다져온 실력과 인기를 바탕으로 한 계단 한 계단 올라섰기에 가능한 일이었을 것이다. 그리고 이들의 이런 행보는 대형 자본에 의한 강력한 마케팅 없이도 미디어의 힘을 통해 성공할 수 있다는 일종의 성공 신화를 생생하게 보여준다.

요즘 우리나라 젊은이들은 앞뒤 맥락에 대한 고려 없이 '무조건 노력만 하면 성공한다'라는 말을 하는 기성세대를 속칭 '노오오력'만 강조하는 '꼰대'라고 비판하며 싫어한다. 하지만 그럼에도 불구하고 열심히 노력해서 실제로 성공을 이루어낸 사람들에 대한 일종의 '리스펙respect'은 분명 존재하고, 전 세계 젠지들 역시 바로 그런 의미에서 케이팝과 케이팝 가수들을 보며 크게 공감하는 것이다.

케이팝만의 힙한 감성

젠지라 불리는 새로운 젊은 세대들에게 케이팝은 자신들이 좋아하는 음악이자, 문화이자, 놀이 대상이자, 문화적 정체성이다. 그들은 케이팝을 다른 세대들과 자신들을 차별화하는 대안이자 도구로 삼는다. 국내에서의 다소 평면적인 케이팝에 대한 인식과는 달리, 해외 주요 미디어나 학자들은 이 점을 주목하고 강조한다. 실제로 지금까지 자신들이 들었던 글로벌 팝음악에 식상한 사람들이 그 대안으로 케이팝을 찾는 경우는 아주 많다.

케이팝이 그 대안이 될 수 있는 이유는 단순히 뮤직비디오가 재미있기 때문만은 아니다. 한국, 미국, 일본, 유럽의 여러 음악 스타일이 섞인 하이브리드 음악과 화려한 패션, 퍼포먼스를 통한 시각적 즐거움 등이 글로벌 팝음악과 비교했을 때 전혀 부족함이 없거나 오히려 더 뛰어나서 케이팝만의 차별화가 분명하기 때문일 것이다.

예를 들어 일본의 록밴드 음악은 그 수준이 아주 뛰어나다는 평을 듣는다. 곡도 좋고 연주도 뛰어나서 한국에는 왜 이런 록밴드가 일본만큼 많지 않을까 하는 생각도 가끔 들지만 그럼에도 불구하고 일본 음악만이 가지고 있는 개성이 확연하게 드러나지 않는 경우가 꽤 많다. 즉 차별성이 없기 때문에 미국의 록밴드 음악을 좋아하는 팬들이 일본 록밴드의 음악을 들었을 때 곡도 좋고 연주도 잘한다고 느낄 수는 있지만, 수많은 영미 록밴드의 음악을 좋아해온 글로벌 수용자의 입장에서 미국 록밴드의 음악 대신 일본 록밴드의 음악을 들어야 할 특별한 이유를 찾기는 어렵다.

미국 록이나 일본 록이나 차별화가 없다면 굳이 일본 음악을 들을 필요성이 없을 것이다. 하지만 한국의 케이팝은 미국의 팝음악이나 힙합, R&B와 비슷하면서도 확연히 다른 무언가가 분명하게 있다 보니 색다른 것을 원하는 사람들에게 매력적으로 다가갈 수 있는 것이다. 독특한 음악 스타일과 외적 이미지, 퍼포먼스, 한국어 가사 등은 글로벌 팝의 퀄리티를 만족시키는 동시에 그것과는 다른 질감과 차별성을 제공한다.

일찍부터 다양한 비주류 문화 콘텐츠를 즐겨온 젠지들에게 비서구·비영어권 음악인 케이팝의 다른 감성은 문화적 장벽보다는 오히려 일종의 '힙'한 감성을 제공한다. 젠지들은 남과 다르면서도 새롭고 세련되고 멋진 것을 매우 중요시한다. 해외 가수의 노래에 한국어 피처링이 증가한 것도 그와 같은 하나의 예로 볼 수 있다. 40대 이상의 미국인들이 한국어 가사 음악을 들었을 때 낯선 언어로 인해 뭔가 좀 어색하고 이상하다고 느끼는 반면, 젠지들은 특이하지만 신선하고 재미있다고 받아들인다.

일례로 BTS가 니키 미나즈Nicki Minaj라고 하는 미국의 유명한 래퍼와 콜라보한 〈IDOL〉 리믹스 버전이 있는데, 뮤직비디오에서 니키 미나즈가 영어로 랩을 할 때 그녀의 머리 위로 한글 자막이 지나간다. 이 아이디어는 니키 미나즈의 요청에 의한 것이었다고 한다. 한국어와 한글이 주는 색다른 매력을 통해 자신이 얼마나 힙한 아티스트인지를 해외 팬들에게 보여주고 싶었던 것이다. 같은 맥락에서 우리나라 아이돌 블랙핑크가 레이디가가Lady Gaga 음악의 피처링 가수로 참여했을 때도 꼭 한국어로 랩을 해달라고 부탁했다고 한다. 콜드플레이Coldplay가 BTS와 콜라보한 〈My Universe〉에도 한국어 가사가 등장한다. 콜드플레이가 BTS와의 협업을 부탁한 이유도 자기들의 음악에 한국어를 사용하는 케이팝만의 힙한 감성을 넣고 싶었기 때문이다.

케이팝에서 언어가 차지하는 비중은 꽤 큰데 비서구·비영어권 음악의 경우에는 특히 더 그렇다. 왜냐하면 똑같은 음악이라도 그것을 어떤 언어로 부르느냐에 따라 그 노래의 국적이 정해지기 때문이다. 다시 말해 똑같은 음악도 그 음악을 일본어로 부르면 제이팝이 되고, 중국어로 부르면 중국 대중음악이 된다. 그 언어가 가지고 있는 문화적 상징성 때문이다. 그래서 케이팝에서의 한국어는 특히 더 중요하다. 케이팝을 듣는 많은 사람들이 한국어에서 약간의 어색함이나 생경함을 느끼기도 하지만 다른 한편으로는 그것이 곧 미국 팝음악과의 차별성을 확연하게 만들어주는 요소가 된다.

케이팝이 이렇게 색다른 감성을 주는 음악이자 문화로 자리 잡다 보니 그런 문화를 찾아다니며 향유하는 젠지들에게는 더할 나위 없이 흥미로운 문화 소비가 가능해졌고, 우연히 그들의 소비 취향과 맞아떨어진 케이팝은 단기간에 발전을 거듭하며 전 세계 모든 젊은이들이 즐기는 글로벌 팝음악으로 자리매김하게 되었다고 볼 수 있다.

지금까지 1부에서는 케이팝이 도대체 무엇이며 어떻게 만들어졌는지를 알아보았고, 2부에서는 한국적이면서도 글로벌한 음악인 케이팝이 어떻게 전 세계 젠지들의 마음을 사로잡았는지에 대해 알아보았다. 다음 3부에서는 BTS의 예시를 통해 케이팝이 세계적으로 어떻게 성공할 수 있었는지 그 이유를 알아보고, 또 케이팝과 젠지의 특성을 어떻게 연관지어 분석할 수 있는지도 살펴볼 것이다. 그리고 이어지는 4부에서는 케이팝의 새로운 흐름과 그것들이 케이팝의 미래에 어떤 시사점을 주는지에 대해 살펴볼 것이다.

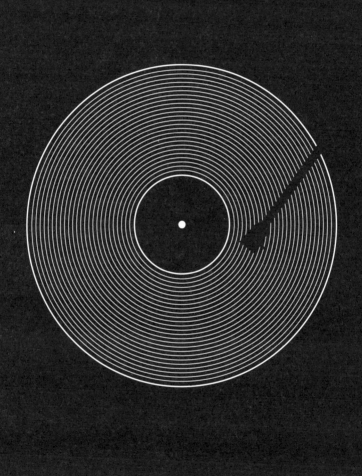

3부

BTS,
Z세대를 사로잡다

□

1960년대에 비틀즈가 그랬던 것처럼
BTS는 이 시대 문화를 상징하는 아이콘이자 '차세대 리더'로 불린다.
그들의 영향력은 글로벌 팬클럽 '아미'의 능동적인 팬덤을 불러일으켰고,
그 팬덤은 다시 세상을 움직이는 선한 영향력으로 이어졌다.
BTS는 어떻게 이렇게 전 세계 젠지들의 마음을 사로잡으며
시대를 대표하는 하나의 문화 현상으로 자리 잡게 되었을까?

1장

BTS를 이해하는 4가지 키워드

✕ ⏪ ▶ ⏩ ↻

흙수저 아이돌의 성공 스토리

글로벌 케이팝의 대표적인 존재를 꼽으라면 많은 사람들이 주저 없이 BTS를 꼽을 것이다. 글로벌 젠지들의 문화라고 할 수 있는 케이팝의 중심에 서 있는 BTS. 그들은 어떻게 전 세계 젠지들의 마음을 사로잡았고, 또 하나의 문화 현상을 대표하는 그룹이 되었을까?

BTS의 세계적인 성공을 이해하기 위해서는 먼저 네 가지 키워드로 나누어 살펴볼 필요가 있다. 그중 첫 번째는

'흙수저 아이돌'이라고 불렸던 BTS의 성공 스토리를 둘러싼 일종의 신화적인 이야기다. 두 번째는 BTS가 특히 해외에서 '차세대 리더Next Generation Leader'로 불리는 현상과 그 이유에 관한 이야기다. 세 번째는 BTS에 대해 논할 때마다 항상 등장하는 '진정성'에 관한 이야기다. 그리고 네 번째는 BTS를 논할 때 결코 빼놓을 수 없는 존재, 바로 글로벌 팬클럽인 아미ARMY, Adorable Representative MC for Youth에 관한 이야기다.

이 네 가지 키워드를 바탕으로 BTS가 어떻게 젠지들의 문화적 감수성과 부합해 세계적인 그룹으로 성장했으며, 또 어떻게 한 시대를 대표하는 하나의 문화 현상으로 자리 잡게 되었는지 알아보자.

먼저 '흙수저 아이돌'의 성공 스토리에 관한 이야기다. 최근 우리 사회에서 금수저, 은수저, 흙수저라는 말은 사회 구조의 불평등함과 젊은 세대가 이제는 '개천에서 용 나는' 방식으로 성공하기 어려워졌음을 상징하는 말로 통용된다. 태어나는 순간부터 한 개인의 계층 배경이 정해져 있고, 그로 인해 사회에서 성공할 수 있는 한계 또한 정해져 있다는 매우 냉소적이고 비관적인 묘사가 아닐 수 없다.

흥미롭게도 많은 케이팝 팬들이 이 '수저론'을 통해 케이팝 산업을 묘사하곤 한다. 가령 보통 '케이팝 4대 기획사' 혹은 '대형 기획사'로 일컬어지는 SM, JYP, 하이브, YG를 통해 데뷔하고 경력을 쌓은 가수들은 금수저로 분류된다. 그리고 그보다는 규모가 조금 작은 기획사에서 데뷔하는 가수들은 은수저, 그다음은 동수저, 소속 가수가 한두 팀밖에 없는 작은 규모의 기획사 소속 가수는 흙수저로 분류되는 식이다.

BTS는 기획사 하이브 소속이다. 지금이야 하이브가 한국의 4대 대형 기획사 중 하나로 불리지만 BTS의 데뷔 당시만 해도 하이브의 전신인 '빅히트엔터테인먼트'는 많고 많은 중소기획사 중 하나였다. 물론 빅히트의 설립자인 '방시혁'이라는 작곡가 겸 프로듀서가 워낙 많은 히트곡을 만들어냈기 때문에 프로듀서로서의 그의 명성은 익히 알려져 있었지만 빅히트 소속으로 성공한 아이돌 그룹은 없었다. BTS 이전에 빅히트 소속으로 데뷔한 걸그룹이 있었지만 불미스러운 일로 송사에 휘말리는 바람에 성공을 거두지는 못했다.

기획사 자체가 작고 영세하다 보니 BTS가 데뷔했을 당시 미디어에 노출될 수 있는 기회도 극히 적었고, 당연히 이들에게 관심을 보이는 곳도 많지 않았다. 그렇다고 이들이 아예 두각을 나타내지 않았던 것은 아니다. 2013년 데뷔했을 당시 한국에서 있었던 몇 개의 연말 음악 시상식에서 신인상을 받는가 하면 차트에도 진입했다. 하지만 획기적으로 높은 차트 순위에 오르거나 많은 사람들에게 회자되는 일은 없었다. 데뷔 후 1~2년 정도의 BTS는 이렇게 국내에서 주목을 아예 받지 않은 것도 아니고, 그렇다고 엄청난 주목을 받은 것도 아닌, 한마디로 뜨뜻미지근한 반응을 얻었다고 할 수 있다.

이들은 한동안 '초통령'이라는 별명으로 불리며 케이팝 팬들 사이에서 나름 유명했다. 이들의 팬층이 중고등학생도 아닌 10대 초중반의 초등학생들이나 중학교 1학년 정도의 아이들이 대부분이었기 때문이다. 그 당시 내 주변에 BTS의 팬 사인회에 다녀온 지인이 있었다. 가고 싶어서 갔다기보다는 초등학생 딸이 BTS를 너무 좋아해서 하는 수 없이 같이 가주었는데 팬 사인회에 온 팬들 대부분이 초등학생이거나 10대 초중반으로 보이는 어린 친구들이어서 아주 깜짝 놀랐다는 말을 들은 기억이 있다.

이처럼 작은 규모의 기획사에서 데뷔한 BTS는 미디어에 노출되는 빈도도 낮고, 팬층도 매우 제한적일 수밖에 없었다. 그야말로 흙수저 아이돌로 경력을 시작한 셈이다.

BTS, 빌보드 뮤직 어워드에 두둥!

반면 BTS에 대한 해외에서의 반응은 국내에서의 뜨뜻미지근한 반응과는 사뭇 다를 만큼 온도 차가 확연했다.

CJ ENM 엔터테인먼트에서 주최하는 문화 행사 'K-CON'에서 보통 케이팝 합동 콘서트가 같이 열리곤 하는데, 당시 경력이 많지 않았던 BTS도 이 무대에서 다른 여러 케이팝 그룹들과 함께 공연을 했다. 그런데 예상외로 반응이 아주 뜨거웠다.

그 당시 K-CON 무대에 서는 가수들 중에 대형 기획사 소속의 유명한 가수들은 많지 않았다. 대형 기획사 소속의 유명한 가수들은 그런 합동 무대에 서는 것보다 단독으로 콘서트를 갖는 편이 수익도 훨씬 더 높을뿐더러 온전히 자기들의 스타일과 콘셉트대로 무대를 구성해 공연을 할 수 있기 때문이다. 요즘도 그런 합동 무대에 서는 가수들은 대체로 신인급이거나 중소기획사 소속인 경우가 많다. 하지만 중소기획사 소속으로 단독 해외 공연을 하기 어려웠던 BTS에게 그와 같은 무대는 자신들의 실력을 보여줄 수 있는 좋은 기회였고, 열과 성을 다한 그들의 무대는 글로벌 팬들에게 큰 감명을 주었다.

　미국 LA에서 열렸던 K-CON 무대에서 이처럼 좋은 반응을 얻은 BTS는 자연스럽게 북미권에서 가장 먼저 충성도 높은 팬층을 만들어나가기 시작했다. 옆의 차트는 한국콘텐츠진흥원에서 매년 실시하는 한류에 관한 시장조사인데 그중 미국의 한류 팬들과 케이팝 팬들을 대상으로 가장 좋아하는 가수가 누구인지를 설문 조사한 결과다.

　2014년 차트를 보면 BTS의 순위가 1위인 것을 알 수 있는데, 이것은 BTS가 2014년에 이미 미국 케이팝 팬들 사이에서 가장 많이 언급될 정도의 인기를 얻고 있었다는 것을 의미한다. 이 시기 한국에서 BTS가 초통령이라고 불리며 뜨뜻미지근한 반응을 얻은 것과 달리 미국에서는 한국에서 최고의 인기를 누리던 엑소를 누르고 1위를 차지했다.

　2년 후인 2016년 BTS는 한국에서 〈RUN〉이라는 곡으로 초통령을 넘어 인기 그룹으로 발돋움하던 때였는데, 미국 내에서의 인기 차트를 보면 이때도 역시 1위다. 그런데 엑소와의 차이가 2014년에는 아주 근소했던 것과 달리 2016년에는 큰 차이로 벌어졌음을 확인할 수 있다. 2016년 무렵, 미국의 케이팝 팬들 사이에서 BTS는 이미 가장 인기 있는 케이팝 가수가 된 것이다. 이런 과정들을 살펴보면 BTS의 미국 시장에서의 인기가 어느 날 갑자기 하늘에서 뚝 떨어진 것처럼 앞뒤 맥락 없이 돌연 구축된 것이 아님을 확인할 수 있다.

미국 내 케이팝 가수 순위

순위	가수	빈도수
1	방탄소년단(BTS)	199
2	엑소(EXO)	119
3	빅스(VIXX)	99
4	위너(Winner)	70
5	갓세븐(GOT7)	68
6	슈퍼주니어	63
7	인피니트	51
8	빅뱅(태양)	49
9	투애니원(2NE1)	47
10	비스트	43

2014년

순위	가수	빈도수
1	방탄소년단(BTS)	784
2	엑소(EXO)	235
3	빅스(VIXX)	150
4	위너(Winner)	127
5	갓세븐(GOT7)	86
6	슈퍼주니어	75
7	인피니트	72
8	빅뱅(태양)	70
9	투애니원(2NE1)	65
10	비스트	56

2016년

BTS는 이렇게 한국에서보다 미국에서 더 먼저 인기가 형성되었고, 미국에서 형성된 인기가 한국으로 역수입된 경우라고 할 수 있다. BTS의 세계적인 성공이 한국에서 대서특필되기 시작한 것은 2017년의 일이다. BTS가 2017년 한국 가수로서는 최초로 그래미 어워드Grammy Awards, 아메리칸 뮤직 어워드American Music Awards, 엠티비 비디오 뮤직 어워드MTV Video Music Awards와 더불어 미국 4대 음악 시상식 중 하나인 빌보드 뮤직 어워드Billboard Music Awards에서 '톱 소셜 아티스트Top Social Artist'라는 상을 받자 한국에서는 '도대체 이들이 누구인가?'라는 어조의 기사들이 쏟아져 나왔다.

그 당시 한국의 기자들로부터 많은 문의 전화를 받은 기억이 있는데, 대부분이 한국에서 빅뱅이나 엑소보다도 유명하지 않은 그룹이 어떻게 미국의 빌보드 뮤직 어워드에서 상을 받았는지 의아해했다. 하지만 케이팝에 관심이 많은 사람들 사이에서 BTS는 이미 충분한 인지도를 가지고 있었고, 미국에서도 이미 자신들만의 인기를 탄탄하게 구축하고 있던 시기다.

빌보드 성적의 추이를 살펴보면 이들의 인기 성장 곡선을 한눈에 알 수 있다. 2015년 11월에 BTS의 미니 앨범이 처음으로 미국 빌보드 메인 앨범 차트 '빌보드 200'에 이름을 올렸다. 이어서 BTS는 앨범이 발매될 때마다 빌보드 차트에 그 이름을 올렸는데 해가 거듭될수록 그 순위가 꾸준하게 상승했다. 2017년 빌보드 뮤직 어워드에서 상을 받은 후 발매한 앨범은 드디어 앨범 차트 7위에까지 올랐다. 그 뒤로는 발매하는 앨범마다 1위를 차지했다.

2020년에는 모두가 알다시피 앨범 차트에 이어 싱글 〈Dynamite〉가 드디어 싱글 차트에서 처음으로 1등을 차지했고, 이어서 〈Life Goes on〉 〈Butter〉 〈Permission to Dance〉 등 발표하는 곡마다 빌보드 싱글 차트 정상을 차지했다.

여기서 잠깐, 빌보드 앨범 차트와 싱글 차트는 무엇이 다를까? 빌보드 앨범 차트는 말 그대로 앨범 판매 순위를 집계한 것인데 CD나 LP 같은 실물 앨범 판매량뿐만 아니라 '앨범 등가 단위album-equivalent unit'라고 해서 다운로드나 스트리밍 집계도 반영된다. 가령 다운로드 몇 회면 앨범 한 장 팔린 것과 같은 양으로 계산하는 식으로 빌보드 차트 나름의 기준이 있다. 그 기준을 바탕으로 다운로드와 스트리밍 횟수까지 포함해 앨범 차트가 산정된다.

빌보드 싱글 차트는 우리나라의 주요 디지털 음악 사이트에서 음원 순위를 매기는 것과 비슷하다. 단 빌보드의 싱글 차트는 디지털 음원의 재생 횟수뿐만 아니라 유튜브 조회수나 싱글 CD 판매, 다운로드 등과 같은 다양한 요소들을 모두 합산해 그들 나름의 기준을 거쳐 순위를 매긴다.

그러다 보니 보통 빌보드 싱글 차트는 당시 어떤 노래가 일반적인 수용자들 사이에서 가장 인기 있는지를 반영하는 차트이고, 빌보드 앨범 차트는 한 가수의 앨범을 듣고 사줄 만큼의 충성스러운 팬이 얼마나 있는지, 또는 한 가수의 음악에 대해 믿음을 갖고 있는 팬이 얼마나 있는지를 반영하는 지표로서의 기능을 한다.

BTS가 빌보드 앨범 차트에서 1위를 했다는 것은 그만큼 BTS를 지지하는 충성도 높은 팬층이 두텁다는 의미이고, 빌보드 싱글 차트에서 1위를 했다는 것은 충성스러운 팬들뿐만 아니라 일반 대중들 사이에서도 이들의 노래가 사랑받고 있다는 것을 의미한다. 특히 〈Butter〉 같은 곡은 굉장히 오랫동안 차트 1위를 유지했는데 BTS의 음악이 특정 팬들만 듣는 음악이 아니라 일반 대중들도 좋아하는 음악이라는 증거라고 할 수 있다.

BTS만의 음악, BTS만의 스타일

이처럼 BTS가 미국에서 차근차근 쌓아 올린 그들만의 인기와 팬층은 2016~17년을 기점으로 개화하기 시작했다. 한번 개화한 꽃은 폭발적인 시너지를 일으키며 더 많은 팬들을 끌어모으는 긍정의 효과를 불러왔다.

1990년대 팝음악을 들었던 분들이라면 '보이즈 투 맨'이라는 유명한 R&B 그룹을 기억할 것이다. 이 그룹의 일원이었던 숀 스톡맨Shawn Stockman이 자신의 소셜 미디어에서 이런 말을 한 적이 있다. BTS의 로즈볼 LA 콘서트에 자기 아이와 직접 간 적이 있는데 공연을 본 뒤 BTS가 왜 미국인들에게 사랑을 받는지에 대해 실감할 수 있었다는 것이다. 특히 BTS가 한국어로 노래를 부르는데 공연장에 있던 그 많은 미국 팬들이 그들에게는 생경한 언어인 한국어 가사를 따라 부르는 것이 매우 인상 깊고 감동적이었다고 한다. 영어가 아닌 한국어로 부르는 음악을 미국 사람들이 그렇게까지 좋아한다는 것 자체가 BTS가 자신의 것을 가지고 얼마나 열심히 노력해서 결국 사람들에게 인정을 받았는지를 짐작할 수 있었다는 것이다.

그는 소셜 미디어 영상에서 이런 말도 전했다. BTS가 한국인으로서 미국에서 음악을 하거나 공연을 한다고 했을 때 처음에는 분명히 많은 사람들이 무시했을 것이다. 물론 노래도 잘하고 춤도 잘 추고 무대도 멋지지만 한국어로 부르는 노래로 미국 시장에서 히트할 거라고는 누구도 예상하지 못했다. 하지만 그것이 BTS의 뜻이건 기획사의 뜻이건 그들은 자신들이 하고 싶은 음악과 자신들이 만들고 싶은 스타일대로 밀어붙였고, 결국 그런 의지는 미국 시장에서의 성공을 불러왔으며, 그런 사실이 놀랍기만 하다고 이야기했다.

물론 BTS의 〈Dynamite〉나 〈Butter〉 〈Permission to Dance〉처럼 전곡이 영어로 된 노래들을 두고, BTS도 결국엔 한국적인 것을 포기하고 미국 시장의 입맛에 맞추기 위해 의도적으로 영어로만 된 가사를 만든 것이 아니냐는 이야기가 나오기도 한다. 하지만 빌보드 앨범 차트와 싱글 차트에서 높은 순위를 기록한 BTS 곡들 대부분의 가사 중 많은 부분이 한국어인 것을 감안하면 꼭 그런 것만도 아니다. 〈DNA〉나 〈IDOL〉 같은 곡은 한국어와 영어 가사가 섞여 있는 흔한 케이팝 아이돌들의 노래 가사와 그 비중이 크게 다르지 않다. 자신의 정체성을 잘 담아낸 많은 노래들이 이루어놓은 성공이 있었기 때문에 그 후에 나온 영어 노래들이 대히트할 수 있었던 것이지, 성공을 위해 처음부터 저자세를 취한 것이 아니라는 의미다.

BTS는 자기들의 음악 스타일을 굳이 미국 사람들의 취향이나 글로벌 팬덤의 취향에 맞추기 위해 억지로 바꾸지 않았다. 고집 있게 자신들의 스타일을 밀고 나갔고 그것은 결국 성공으로 이어졌다. 이것은 그들이 얼마나 어려운 길을 걸어왔는지, 그리고 그 길을 걸으면서도 자신들의 의지를 꺾지 않으려 얼마나 노력했는지를 여실히 보여주는 부분이다. BTS는 흙수저 아이돌 그룹으로 미국 시장에 진출해 밑바닥에서부터 한 단계 한 단계 발전을 거듭해나가며 스타가 되었고, 이런 성공 스토리는 감동을 전하며 팬들의 마음을 더욱 사로잡았다.

2장

그들은 어떻게
차세대 리더가 되었는가

✕ ◄◄ ▶ ►► ↺

해외 미디어가 공인한 수식어

BTS 성공 스토리의 두 번째 키워드는 '차세대 리더'다. 아마 보신 분들도 많을 텐데 2018년 10월, 미국 최대 시사 주간지 《타임》 아시아판 표지에 BTS의 사진과 함께 'Next Generation Leader'라는 카피가 실렸다. 그러니까 이 수식어는 한국에서 국가적 자긍심(일명 '국뽕')에 불타 BTS를 띄우기 위해 억지로 갖다 붙인 문구가 아니라 BTS의 성공을 의미 있게 평가한 해외 미디어에서 선사한 수식어다.

이들에 대한 수식어 중에는 '차세대 리더'뿐만 아니라 '제2의 비틀즈'라는 말도 있다. 이 수식어를 두고 한국에서는 간혹 '비틀즈가 얼마나 대단한 그룹인데 BTS를 그들과 비교하느냐? 나는 인정할 수 없다'고 말하는 분들도 있다. 그런데 사실 제2의 비틀즈라는 표현도 한국에서 먼저 사용한 것이 아니다. 영미권 언론에서 먼저 BTS를 제2의 비틀즈라고 부르기 시작했는데, 그 이유가 이들이 음악적으로 비틀즈와 어떤 공통점을 가졌기 때문만은 아니다. 그러니까 비틀즈의 팬으로서(사실 나 역시도 비틀즈의 모든 정규 앨범을 CD로도 LP로도 전부 가지고 있는 열성팬이다) BTS의 음악과 비틀즈의 음악을 비교하는 것을 용납할 수 없다고 생각하는 분들은 그 분노를 조금 가라앉히고 왜 이들을 제2의 비틀즈 혹은 차세대 리더라고 불렀는지 한번 살펴보기 바란다.

BTS가 제2의 비틀즈 혹은 차세대 리더로 불린 이유 중 가장 중요한 요인은 이들이 글로벌 사이버스페이스, 즉 온라인 공간에서 가장 영향력 있는 젊은 가수들 중 하나였기 때문이다. 《타임》은 BTS에게 차세대 리더라는 수식어를 붙이기 이전인 2018년 6월, 이미 온라인에서 가장 영향력 있는 25인 중 한 팀으로 BTS를 꼽은 적이 있다. 《타임》처럼 영향력 있는 주요 언론에서 BTS를 그렇게 선정한 이유는 이들이 온라인상에서 글로벌 젊은 세대들에게 갖는 영향력을 높이 평가했기 때문이다.

구글 트렌드 토픽 최상위 랭크

2017년에 미국의 또 다른 주요 음악 시상식인 아메리칸 뮤직 어워드에서 BTS의 축하 공연이 있었는데 공연 직후 이들은 구글 트렌드 토픽 최상위에 랭크되었다. 이후로도 이들이 그래미 어워드나 빌보드 뮤직 어워드에 출연했을 때, 또는 공연을 했을 때도 구글 트렌드 토픽 최상위에 랭크되는 경우가 많았다.

구글 트렌드 토픽은 우리나라식으로 말하면 '검색어 순위'라고 할 수 있다. 그러니까 구글의 실시간 검색어 순위에서 1위를 했다고 보면 되는데, 요즘은 검색어 순위를 잘 공개하지 않는다. 어쨌든 구글은 한국 사람만 이용하는 사이트가 아니라 전 세계 모든 사람들이 이용하는 검색 엔진이다. 그러니까 구글에서 검색어 순위 1위라는 것은 BTS가 그만큼 전 세계 사람들에게 주목받는 존재라는 것을 보여주는 하나의 주요한 예시일 것이다.

어느 나라나 마찬가지이겠지만 젠지는 물론이고 전 세대 사람들, 심지어 우리 부모님처럼 70~80대분들도 유튜브를 많이 시청하고 카톡 같은 SNS도 많이 하면서 거의 하루 종일 스마트폰을 사용한다. 그러니까 스마트폰 사용자나 인터넷 공간에 머무는 사람들이 꼭 젊은 세대들만은 아니다. 하지만 소셜 미디어나 기타 인터넷 공간과 커뮤니티에 좀 더 적극적으로 참여하고 활발히 활동하며 인터넷 세상을 이용하는 세대들은 아무래도 젠지들일 것이다. 이 세대들이 가장 많은 시간을 보내고 에너지를 쏟으며 자신들만의 정서를 형성하는 곳이 바로 인터넷 세상이라고 해도 과언은 아니다.

그렇기 때문에 인터넷 세상에서 가장 인기 있고 영향력 있는 사람이라는 것은 곧 현재 젊은 세대들에게 가장 인기 있고 영향력 있는 사람으로 해석할 수 있다. 예를 들어 인스타그램이나 다른 소셜 미디어 페이지를 보면 BTS 공식 페이지의 팔로워 수가 몇천만 명이 넘는다. 거기다 BTS 개

개인의 소셜 미디어 페이지의 팔로워 수까지 합치면 그 수는 기하급수적으로 늘어난다. 이렇게 소셜 미디어에서의 영향력, 사이버 공간에서의 영향력이 워낙 강력하다 보니 이들을 온라인에서 가장 영향력 있는 가수로 선정하게 된 것이다.

그런데 온라인에서의 이런 영향력은 인정하지만, 그것이 온라인과 분리된 현실 공간에서도 똑같이 영향력을 갖는지에 대해서는 의문을 갖는 분들이 있다. 과거에는 온라인 세계와 실제 세계가 많이 분리되어 있었던 게 맞다. 하지만 점점 더 많은 사람들이 온라인 세계에 접속한 상태에서 살아가다 보니 지금은 온라인 세계와 현실 세계를 무 자르듯이 정확하게 나누는 것이 별 의미가 없다.

그렇기 때문에 온라인 공간의 젊은 세대들에게 게 큰 영향력을 갖는다는 것은 현실 세계의 젊은 세대들에게도 큰 영향력을 발휘한다는 뜻으로 해석할 수 있다. 《타임》에서 BTS를 단순히 글로벌 인터넷상에서 가장 영향력 있는 그룹만이 아니라 차세대 리더로 꼽은 것도 그런 이유에서다. 동시대 사람으로서 젠지에게 가장 널리 알려진 가수로 인정한 것이다.

비틀즈와 BTS, 시대의 아이콘

우리에게 비틀즈가 매우 중요한 존재인 이유는 당연히 그들의 음악이 시대를 앞서갔고, 혁신적이며, 음악사에 큰 영향을 끼쳤기 때문일 것이다. 하지만 그들이 특별할 수밖에 없는 더 큰 이유는 음악적인 요인 외에 정치, 경제, 사회, 그리고 특히 문화적으로 그 영향력이 헤아릴 수 없이 컸기 때문이다. 비틀즈는 1960년대를 상징할 만큼 그 존재 가치가 어마어마하다. 1960년대 서구 세계는 특히 히피와 반전 운동, 인종차별 반대 운동 등으로 대표되는 사회 변혁의 시기였고, 과거와 모든 것이 달라지는 듯한 감각을 선사한 시대였으며, 바로 그 중심에 비틀즈가 존재했다.

2010년대 초중반부터 2020년대인 오늘에 이르기까지 세상이 이전과는 또 다른 방향으로 크게, 그리고 극적으로 바뀌고 있다는 것을 실감하는 분들이 많을 것이다. 그리고 그것을 상징적으로 드러내는 존재가 바로 BTS다. 1960년대에 비틀즈가 그랬던 것처럼 2010년대 이후로는 BTS가 이 시대를 대표하고 변화를 대표하는 문화적 상징으로 여겨지고 있다. 따라서 이들을 제2의 비틀즈라고 부르는 것이 전혀 어색하거나 억지스럽지 않다. 전 세계가 이들이 이루어낸 음악적인 성취뿐만 아니라 새로운 세대를 대표하는 존재로서의 가치를 인정한 것이다.

BTS의 팬들 중에는 그들이 해외에서 인정받는 것에 비해 한국에서는 그만큼 중요한 존재로 여겨지지 않는 것 같다는 볼멘소리를 하는 경우가 많다. 어떤 면에서는 분명히 맞는 말이다. 한국에서는 BTS가 빌보드 차트 1위를 몇 번 했고, 빌보드 차트에 몇 곡을 올렸으며, 음반을 몇백만 장 팔았는지, 얼마나 돈을 벌었는지, 그리고 군대를 가야 할지 말아야 할지 등에 더 초점을 맞추는 경향이 강하다. 하지만 우리가 주목해야 할 것은 사실 눈에 보이고 이야기하기 좋은 구체적인 성과나 각종 숫자들만이 아니다. BTS와 관련된 국내 미디어와 비평계, 학계의 다양한 담론들 중에 빠져 있는 것은 BTS, 그리고 그들을 중심으로 한 다른 케이팝 가수들과 그들의 음악이 현재 세계에 미치고 있는 사회문화적 영향력이다. 또한 왜 전 세계 젠지들이 이들에게 집중하는가, 그리고 그것이 향후 우리나라와 세계에 어떤 힘을 발휘할 수 있을 것인가와 같은 문제일 것이다.

3장

진정성의 서사 혹은 신화

진심이 무기인 사람들

BTS를 이해하는 세 번째 키워드는 '진정성 서사'다. '진정성'의 영어 표현은 'authenticity'다. 사전적 용어로는 '진정함/진실됨/진짜'라고 설명되어 있다. 그러니까 우리가 자주 사용하는 영어 단어 중 '(being) real'과 같은 의미라고 생각하면 된다.

그런데 BTS와 케이팝 아이돌에 대해 이야기할 때 많은 사람들이 쓰는 '진정성'이라는 단어는 authenticity, 즉 진짜라는 뜻도 있지만 진정한 마음, 진정성 있게 사람을 대한다는 우리식 표현과도 깊은 연관이 있다. 이것을 영어권에서는 'sincerity', 'genuine'이라고 표현한다. BTS를 이렇게 표현하는 것은 그만큼 BTS가 진심으로 음악을 하고 진심으로 활동을 하고 진심으로 팬들을 대한다는 것을 대중들에게 인식시켰기에 가능한 일이었을 것이다. 그렇다고 해서 다른 가수들이 진정성이 없다는 뜻은 결코 아니다. 다만 이들이 다른 가수들에 비해 유독 진정성이라는 단어로 많이 수식되고 있다는 정도로 이해하면 좋을 것 같다.

BTS의 진정성 서사에 대해 어떤 분들은 일종의 진정성 신화라고 말하기도 한다. 어쨌든 진정성이라는 개념이 이들을 표현하는 가장 중요한 형용사로 쓰이는 것은 분명하다. 그것은 우리가 앞에서 첫 번째 키워드로 언급했던 '흙수저 아이돌'의 성공 스토리와도 깊은 연관이 있다. 이들이 데뷔할 당시 중소기획사 소속이다 보니 크게 주목받지 못하기도 했고, '방탄소년단'이라고 하는 이들의 그룹 이름은 비웃음의 대상이 되기도 했다. '방탄소년단'이 '방시혁이 탄생시킨 소년단'이냐는 식의 이야기도 있었는데 물론 방시혁 씨는 이에 대해 부정했다. 어쨌든 많은 사람들이 이 그룹의 이름을 촌스럽다고 여겼다.

BTS가 데뷔했을 당시에는 '제2의 빅뱅이 될래요'라는 내용의 홍보 기사가 많았는데, 그 기사에는 '감히 어디서 빅뱅을 언급하느냐'는 식의 댓글이 엄청 많이 달렸다. 그만큼 이들의 스타일이 아이돌로서의 세련됨이나 매우 출중한 이미지는 아니었던 것이다. 물론 BTS가 대성공을 거둔 이후 그 댓글들에는 '못 알아봐서 죄송하다'는 식의 속칭 '성지순례식 대댓글'이 달리기도 했다.

힙합과 아이돌의 하이브리드

BTS가 데뷔 당시 한국에서 뜨뜻미지근한 반응을 얻은 또 다른 이유는 그들이 힙합 그룹이라는 것을 강조했기 때문이다. 아이돌 음악에서 힙합의 요소는 굉장히 중요하다. 그래서 대부분의 아이돌 그룹 음악에는 랩 파트가 필수로 들어가고 랩 파트만을 전문적으로 담당하는 멤버도 있다. 그렇다고 해서 아이돌 음악을 본격적인 힙합으로 부르지는 않는다. 음악적 특성이 힙합과 관련이 없어서가 아니라 힙합 음악인이라면 반드시 가져야 하는 분명한 정체성이 있기 때문이다. 그 정체성은 내가 부르는 노래의 가사를 내 경험과 생각을 담아 내가 직접 쓴다거나 또 음악을 만드는 과정에 내가 직접 참여한다거나 하는 것에서 비롯된다.

특히 힙합에서는 가사 속에 나의 정체성을 분명하게 담아낸 나만의 이야기가 들어가는 것을 매우 중요하게 여긴다. 나의 이야기를 할 때도 그것이 실제로 내가 겪은 일인지, 또는 진짜 나의 생각인지도 매우 중요하다. 하지만 아이돌 그룹의 음악은 가수가 직접 가사를 쓰기보다 전문 작사가들이 가사를 쓰는 경우가 많고, 그렇다 보니 가사의 내용 또한 가수 본인이 직접 경험한 일이 아닌 경우가 대부분이다. 가령 10대 초중반의 아이돌 그룹이 굉장히 절절한 사랑 노래를 한다면 우리는 그 노래를 들으면서 '실제로 그런 사랑의 경험이 있을까?' 하는 의심을 해볼 수 있다. 그만큼 힙합 그룹으로서의 정체성과 아이돌 그룹으로서의 정체성은 매우 다르며 추구하는 바도 다르다.

그런데 BTS의 경우 방시혁 씨가 처음 그룹을 만들 때부터 힙합 그룹을 목표로 멤버들을 모집했다. 그래서인지 현재는 한국 힙합을 대표하는 유명 음악인이 된 빈지노가 유명해지기 전에 그에게도 그룹의 멤버 제안을 했을 정도로 BTS는 힙합 그룹으로서의 정체성을 강조했다.

BTS가 데뷔 직후인 2014년 무렵 엠넷과 찍은 〈방탄소년단의 아메리칸 허슬 라이프〉라는 리얼리티 프로그램이 있다. 그들이 미국 LA에 가서 본토의 힙합 가수들로부터 힙합을 배우는 콘셉트였다. 이 프로그램에는 쿨리오Coolio, 워렌 지Warren G와 같은 여러 유명 미국 힙합 가수들이 등장해 멘토로서 BTS에게 '이것이 진짜 힙합이다'라는 것을 보여주었다. 이처럼 BTS와 그들의 소속사에서는 데뷔 초반부터 BTS가 추구하는 정체성이 힙합이라는 것을 강하게 어필하고자 했다.

그런데 정작 힙합 팬들은 BTS가 스스로를 힙합 가수라고 규정하는 것을 탐탁지 않게 생각했다. 일부 강성 힙합 팬들은 그들을 향해 얼굴에 화장을 하고 아이돌 그룹처럼 옷을 입고 아이돌 그룹처럼 춤을 추면서 왜 힙합 그룹인 척하느냐는 강도 높은 비판을 쏟아냈다. 힙합 팬들은 물론이고 국내 힙합 가수들의 비난도 거셌다. BTS의 오랜 팬이라면 그 당시 대놓고 BTS를 '디스diss'했던 몇몇 국내 힙합 가수들의 이름을 기억할 것이다.

그런데 케이팝 팬들의 입장에서도 자꾸만 힙합 정체성을 강조하는 BTS의 콘셉트가 별로 맘에 들지 않기는 마찬가지였다. 요즘 케이팝 아이돌 그룹이라고 하면 가창력이 뛰어난 멤버와 소위 '비주얼'을 담당하는 잘생긴 외모의 멤버는 필수 요소다. 그런데 BTS는 가창력도 그저 그렇고 비주얼도 그저 그렇다는 게 당시 케이팝 팬들의 평가였다. 지금이야 BTS가 노래를 못한다거나 잘생긴 멤버가 없다는 데에 동의할 사람은 없겠지만 그때는 그런 시선이 많았다. 그렇다 보니 같은 BTS를 놓고도 힙합 팬들은 아이돌 그룹이 가짜 힙합 그룹 행세를 한다고 싫어하고, 아이돌 팬들은 아이돌 그룹인데 왠지 아이돌 그룹 같지 않다고 싫어했다.

그들만의 특별한 진정성

흥미롭게도 힙합 그룹임을 강조했지만 아이돌 그룹으로서의 정체성도 아울러 갖고 있던 BTS의 콘셉트는 시간이 흐르면서 오히려 강점으로 작용했다. 힙합 그룹의 정체성을 표방하다 보니 그 당시의 다른 아이돌 그룹들과 달리 BTS

는 RM이나 슈가, 제이홉 등의 멤버가 데뷔 때부터 직접 가사를 쓰는 작업에 적극적으로 참여해 자신들의 경험과 생각을 음악에 풀어냈다.

특히 이들이 세계적인 성공을 거두기 전에 발매된 EP(미니 앨범) '학교 3부작'을 들어보면 10대 혹은 20대 초반의 나이로 한국 사회에 살면서 자신들이 직접 느낀 감정들이 여과 없이 담겨 있다. 이런 점은 당시 일반적인 아이돌 그룹의 노래에서는 발견하기 어려운 부분이었다. 보통의 아이돌 그룹들은 자기의 음악을 하고 자기의 목소리를 내기보다는 기획사에서 잘 만들어준 콘셉트에 맞춰 활동하는 경우가 대부분이었기 때문이다.

BTS가 이렇게 자신들의 음악을 직접 만든다는 것이 특히 해외 팬들에게는 엄청난 매력으로 느껴졌다. 해외 팬들에게 있어서 노래를 부르면서 작사나 작곡도 겸하는 싱어송라이터singer-song writer로서의 미덕과 능력은 인기 가수라면 당연히 갖춰야 할 요소였다. 그러나 케이팝의 경우는 싱어송라이터보다는 기획사 내의 전속 작곡가 혹은 외부의 전문 작곡 팀으로부터 곡을 제공받아 활동하는 경우가 많다. 그래서인지 케이팝 그룹들이 해외에서 많은 인기를 누릴 때도 일부 팬과 미디어에서는 공장에서 찍어낸 상품 같다는 비판을 서슴지 않았다.

하지만 BTS는 멤버들이 직접 노래를 만들고 가사를 쓰다 보니 자기들의 이야기가 음악 속에 많이 담겼고, 그 결과 다른 케이팝 그룹들에게서 종종 발견되는 공장에서 만들어진 상품과도 같은 전형적이고 틀에 박힌 모습과는 조금 거리가 있었다. 이런 부분들이 과거 BTS의 데뷔 초기 '아이돌스럽지 않다'라고 비판받던 지점이었는데, 이들이 세계적으로 널리 알려지기 시작하면서 이런 '단점'이 오히려 그들만의 무기이자 개성인 '강점'이 되었다.

더불어 활동 기간이 길어지면서 데뷔 초와는 다르게 비주얼적인 면에서도 세련되어지고 가창력도 훨씬 더 좋아지면서 BTS는 점차 그 어떤 아이돌 그룹과 견주어도 전혀 꿇리지 않는 정도의 수준으로 올라섰다. 심지어 퍼포먼스에 있어서만큼은 다른 아이돌 그룹과 비교하면 훨씬 더 뛰어나다고 인정하는 사람들도 생겨났다. 단점이 장점으로 승화된 것이다.

이렇게 '고난과 역경을 딛고 최고로 거듭난' BTS의 성장기는 이들의 진정성 서사에서 아주 중요한 대목이다. 이들은 남들이 알아주지 않았을 때도 혹은 남들에게 무시당하거나 심지어 비난을 받을 때도 꿋꿋하게 진심 어린 태도로 자신들의 음악을 만들고 활동을 지속했다. 그리고 그것이 결국 많은 사람들에게 호소력 있게 다가갔다는 점에서 요즘에는 쉽게 발견할 수 없는, 마치 동화와도 같은 이야기라고 말하는 사람들이 있다. 든든한 배경도 없이 비난을 받았던 사람들이 자기만의 스타일을 유지하며 노력을 통해 이런 신화적인 성공담을 만들어냈다는 것은 그들의 진실한 태도, 진정성 있는 행보가 결국 사람들의 마음을 움직였다는 것을 증명한다.

BTS의 초창기 팬들은 그들에 대한 팬심이 더욱 남다르다. BTS가 가요계의 흙수저 출신으로 밑바닥에서부터 시작해 자신들과 함께 성장해왔기 때문이다. BTS가 한국 음악계에서 크게 주목받지 못할 때도 이들은 BTS의 진정한 가치를 알아봐주고 꾸준히 지지하면서 인기 없던 한국의 한 그룹이 세계 최고의 인기 그룹으로 성장하는 과정을 함께 지켜보았다는 자부심을 가지고 있다. 이런 스토리는 BTS의 진정성을 구성하는 또 하나의 중요한 요소가 되었다.

뿐만 아니라 BTS가 자신들의 이름을 알리기 위해 소셜 미디어 등의 인터넷 생방송을 적극 활용해 팬들과 직접 소통한 부분도 이들의 진정성 서사를 구성하는 중요한 요소다. 특히 이 점은 미디어 학자들이나 마케팅 관련 분야의 전문가들이 많이 언급하는 부분이기도 하다. BTS는 해외에서 유명해지기 전부터 팬들과 보다 자주, 보다 많이 소통하기 위해 지속적으로 애써왔고, 이는 자신들의 이야기를 진심을 담아 자기 스스로 전달한다는 이미지를 만드는 데에 크게 기여했다.

작년에 있었던 그들의 활동 중단 선언도 정식 기자회견을 통하지 않고 지금까지 자신들이 해온 소통 방식처럼 개인 방송을 통해 그 심경을 밝혔을 정도다. 앵무새처럼 기획사가 써준 대로 보고 읽거나 이야기하는 게 아니라 인터넷 방송을 통해 자신들이 하고 싶은 이야기를 직접 팬들에게 전달하는 이런 방식은 그들만의 진정성이 아주 잘 드러나는 대목이다. 여기에 대해서는 다음 장에서 좀 더 자세히 논할 것이다.

BTS가 인터넷 생방송을 통해 이렇게 팬들과 교감하는 것은 말 그대로 '직접 소통'일 뿐만 아니라 팬들의 소리에 귀 기울이고 그들의 말에 일일이 반응하며 때로는 자신의 언행에도 반영하는 정서적인 의미에서의 직접적인 소통을 제대로 구현했다는 평가를 받는다.

BTS의 진정성 서사가 단순한 마케팅 전략을 넘어 팬들에게 진심을 전달할 수 있었던 이유다. BTS의 성공 이후 수많은 다른 그룹들이 이들의 전략을 따라 하기 시작했다. 하지만 그럼에도 불구하고 진정한 소통을 하고 있다는 느낌을 주는 그룹은 여전히 쉽게 찾아보기 힘들다. 바로 이런 점이 BTS만의 진정성이 주는 특별함일 것이다.

Thank you, 세상의 모든 아미!

× ◀◀ ▶ ▶▶ ↻

이름을 불러준다는 것의 의미

BTS 성공담의 네 번째 키워드는 글로벌 팬클럽 '아미'다. 모두가 알다시피 아미는 BTS의 팬클럽 명칭이다. BTS를 이해하는 데에 아미라는 키워드가 중요한 이유는 BTS가 이 팬클럽을 항상 매우 특별한 존재로 여기기 때문이다. 더불어 전 세계적인 BTS 현상을 한마디로 표현하면 '팬들이 만들어낸 현상'으로 정의할 수 있기 때문이기도 하다.

BTS가 최초로 빌보드 앨범 차트에서 1위를 했을 때 한국 방송국에서 취재를 나와 소감을 물어보는 인터뷰 영상을 본 적이 있다. 그때 BTS는 "지금까지 저희를 믿고 지지해주신 아미 여러분께 깊은 감사를 드립니다"라고 말했다. 뻔한 이야기라고 생각할 수 있지만 과거에 케이팝 1세대 혹은 2세대 아이돌들이 1위를 했을 때의 감사 인사를 떠올려보면 꽤 다르다는 것을 알 수 있다.

가령 케이팝 1세대 그룹인 H.O.T.가 가요 순위 1위를 했을 때 소감을 물어보자 "팬 여러분, 감사합니다. 팬 여러분, 사랑해요"라고 이야기했다. 이 인사말에서의 '팬'은 정확하게 어떤 대상을 지칭한 것이 아닌 불특정 다수의 팬을 의미한다. BTS가 '아미 여러분'이라고 특정해 부른 것과는 차이가 있다. 누군지 알 수 없는 한 덩어리mass로서의 대중이나 팬이 아닌 바로 우리의 팬클럽, 우리를 믿고 우리를 지지해주며 우리의 앨범을 구매하고 우리의 음원을 들어주고 우리의 콘서트에 와주는 BTS의 팬클럽 일원들을 콕 집어 언급했고, 이를 통해 BTS의 팬들은 그들이 자신들을 특별하게 여긴다고 인식하게 된다.

사실 아무리 '팬 여러분, 사랑해요'를 외쳐도 특별한 대상에 대한 지칭 없이 그저 사랑한다고만 하면 듣는 사람의 입장에서는 이 '팬'이 누구를 말하는 것인지 알 수 없기 때문에 내 이야기라고 생각하기도 어렵고, 감정적으로 몰입하지도 못한다. 하지만 '아미 여러분, 감사합니다, 사랑해요'라고 말했을 때 내가 그 아미의 일원이라면 그 인사는 나한테 하는 것으로 인식된다. 김춘수 시인의 「꽃」이라는 시를 떠올려보면 쉽게 이해할 수 있다. 한국에서 중고등학교를 다닌 사람이라면 아마 모르는 사람이 없을 이 시의 내용 중에 '내가 그의 이름을 불러주었을 때/ 그는 나에게로 와서/ 꽃이 되었다'는 시구가 있다. 이처럼 누군가가 나를 콕 집어 불러준다면 그것은 내가 그 사람에게 매우 의미 있는 사람이라는 것을 뜻한다. 그렇지 않고 불특정 다수를 호명하는 것은 나에게는 아무런 의미가 없을 수도 있다.

BTS는 이렇게 팬클럽 아미의 이름을 항상 호명하며 팬들과 자신들의 관계를 아주 특별하게 만들어나갔는데 이런 행동이 마케팅 전략에 따른 전적으로 의도된 행위는 아니라고 한다. 실제로 BTS가 10년의 세월 동안 보여준 평소 언행이나 팬들을 대하는 태도를 보면, 아마도 그들은 정말로 팬클럽인 아미에게 감사해하고 그 감사한 마음을 표현하기 위해 이렇게 이야기했을 것이다. 그들의 이런 행동 방식은 모범 사례가 되어 이후 많은 아이돌 그룹이나 기획사에서 참조하게 되는데, 실제로 요즘은 케이팝 아이돌 그룹이 팬들에게 이야기를 건넬 때 '팬 여러분, 사랑해요'가 아니라 자신들의 팬클럽 이름을 콕 집어 부르는 것이 보편적인 일이 되었음을 쉽게 확인할 수 있다.

BTS 현상을 주도하는 능동적인 팬덤

아미가 특별한 것은 단지 BTS와 이들의 관계가 친밀하기 때문만은 아니다. 아미들은 놀라울 만큼 능동적이고 자신들이 좋아하는 그룹 BTS를 위해 적극적으로 활동한다. 사실 이것은 다른 장르와 차별화되는 케이팝 팬덤의 전반적인 특성이기도 하지만 아미는 일반적인 케이팝 팬덤의 적극성을 훨씬 뛰어넘는 것으로 유명하다. 그들은 BTS에 대해 웬만한 전문가들보다도 훨씬 더 많이, 그리고 자세히 알고 있을 뿐만 아니라 BTS의 음악이나 콘셉트 혹은 가사 등이 상징하는 수많은 숨은 의미까지 모두 밝혀내고, 또 그것을 다른 사람들과 공유하는 등의 방식을 통해 자신이 좋아하는 그룹을 널리 알리기 위해 노력한다.

아미들은 BTS와 관련한 상품을 구매하는 것뿐만 아니라 다양한 방식으로 그들을 지원한다. 그들은 BTS를 인기 스타로 만들기 위해 자신들이 해야 할 행동이 무엇인가에 대해 늘 고민하며 단순히 스트리밍 몇 번 돌리는 것을 넘어 BTS의 전반적인 이미지 향상을 위해 조직적으로 움직인다. 가령 BTS를 미국 현지 방송에 출연시키기 위해 이들은 어떻게 방송사에 출연 요청을 할 수 있는지 등과 같은 행동 요령을 공유한 후 이를 통해 방송사에 조직적으로 요청하는 식으로 적극적이고도 일사불란하게 행동한다.

하지만 이들이 무조건 BTS의 모든 행동을 감싸고 편들어주기만 하는 것은 아니며, 여기에 아미의 특별함이 있다. 예를 들어 BTS의 멤버 RM이 2015년에 믹스테이프(Mix Tape, CD나 음원 유통 사이트가 아닌 온라인상에서 비상업적인 목적으로 무료로 공개되는 비공식 싱글이나 앨범)를 발표했을 때 아미들이 한 노래의 가사에 여성혐오적인 내용이 들어 있다는 지적을 했다. 그러자 기획사와 가수는 잘 몰라서 그랬다며 앞으로 더욱 신경 쓰겠다는 즉각적인 반응을 보였다. 팬들의 목소리가 가수와 기획사에 전달되었음은 물론이고, 그것이 적극적으로 반영되어 변화를 만드는 것이다.

또 BTS가 2018년 일본의 유명 프로듀서 아키모토 야스시秋元康와 협업을 하려고 했을 때 아미들 사이에서 그 프로듀서가 혐한 성향이나 극우 성향이 있다는 말이 나왔고, 그런 프로듀서와는 작업하지 않았으면 좋겠다는 의사를 직접 기획사와 가수들에게 전달했다. 그러자 기획사와 가수는 이들의 요구를 즉각적으로 받아들여 좀 더 철저하게 조사해 고려하겠다는 반응을 나타냈다.

이처럼 가수와 팬덤의 상호 교류를 통한 끈끈한 결합은 BTS와 아미의 관계를 더욱 특별하게 만들었다. 과거에는 가수와 기획사가 팬들에게 시혜적인 입장에서 음악을 제공하고 콘서트를 열고 굿즈를 만들었다면, BTS와 아미, 그리고 소속사 하이브(과거 빅히트) 같은 경우는 그런 일방향적인 관계를 뛰어넘는다. 팬들이 가수나 기획사에 이러이러한 부분을 신경 써달라고 한다거나 구체적으로 이런 것들을 해주었으면 좋겠다는 식의 요청을 적극적으로 하고, 가수와 기획사는 그런 요구에 귀 기울여 타당한 의견일 경우에는 반영하려고 노력한다. 이런 요구 자체가 과거의 팬덤, 가수, 기획사와의 삼각관계가 가졌던 힘의 구조와는 전혀 다른 양상이다. 팬들의 목소리가 훨씬 더 커졌고, 가수는 그것을 적극적으로 받아들이고 반영함으로써 상호작용을 일으키는 관계로 발전했다.

지금은 과거와 달리 하이브가 케이팝 3대 기획사 중 하나로 꼽힐 만큼 규모가 굉장히 커졌고 소속 가수도 많아졌을뿐더러, BTS도 활동을 중단한 상태이다 보니 이런 독특한 힘의 균형 관계가 예전 같지는 않다. 그럼에도 불구하고 다른 기획사와 비교했을 때 하이브나 BTS가 자신들의 팬클럽인 아미들의 목소리에 무척이나 귀 기울이고 있다는 것은 분명하다. 그것이 아미라는 독특한 형태의 팬덤이 가지고 있는 힘이며, 그 힘이 BTS와 하이브의 글로벌한 성공에 있어서 무엇보다도 중요한 배경이다.

트랜스미디어 전략과 팬더스트리

아미가 가지고 있는 힘이나 그 영향력은 경제적인 가치를 넘어 사회적인 가치의 측면에서도 중요한 의미를 지닌다. 최근 업계나 미디어에서는 이런 팬덤의 정치경제적·사회적 영향력을 가리켜 팬더스트리Fan-dustry, 즉 팬Fan이 하나의 인더스트리Industry를 형성한다는 뜻의 신조어를 만들어 사용하는 경우도 찾아볼 수 있다. 정식으로 경영학 사전이나 경제학 사전에 등재된 용어는 아니지만 BTS와 케이팝 팬덤이 만들어낸 새로운 흐름을 설명하기 위함이다.

이 '팬더스트리'는 팬들의 자발적인 행동이 산업으로 포섭되는 과정인 동시에 팬들이 자신들의 영향력을 산업 바깥으로 확장해나가는 과정이기도 하다. 일례로 BTS의 소속사 하이브에서 만든 인터넷 기반 글로벌 팬 플랫폼 '위버스 weverse'가 있다. 이 플랫폼은 기존의 케이팝 그룹 팬카페와 일정 부분 그 성격을 공유하지만, 팬이 네이버나 다음 같은 인터넷 포털사이트에서 자발적으로 만들었던 과거의 팬카페와는 규모와 운영 방식, 성격이 상당히 다르다. 기획사에서 직접 만든 이 팬 플랫폼은 국내 팬들뿐만 아니라 전 세계 모든 팬들이 서로 만나 커뮤니티처럼 소통할 수 있는 공간인 동시에, 위버스 전용 굿즈나 앨범을 발매해 플랫폼에 가입한 팬들에게 독점적으로 유통하는 인터넷 상점이기도 하다. 즉 이 공간은 과거 자발적으로 이루어지던 팬 커뮤니티와 그 안에서의 교류를, 케이팝 산업의 비즈니스 시스템 영역 안으로 편입시키고자 하는 시도인 동시에 대상을 전 세계로 확대한 글로벌 네트워크이기도 하다.

뿐만 아니라 하이브는 팬들에게 새로운 경험을 선사하기 위해 서울 용산에 하이브 인사이트HYBE INSIGHT라는 이름의 하이브 박물관을 만들어 팬들에게 공개했다. 위버스 앱에 가입해 예약을 해야만 방문할 수 있는 이곳은 하이브와 관련된 모든 것을 직접 체험하고 즐길 수 있는 일종의 복합 문화 공간이자 팬들을 위한 공식 기록 저장소 같은 곳이다. 사실 하이브 이전에 SM도 아티움이라고 해서 서울 삼성동 코엑스에 전시관을 만들었던 적이 있다. 하지만 두 곳 모두 방문해본 내가 느끼기에 아티움은 일반적으로 상상하고 기대할 수 있는 수준의 전시관에 그쳤던 반면, 하이브 인사이트는 지극히 팬 친화적이며 동시에 다양한 미디어 전략을 구현해 오감五感을 만족시킬 수 있는 콘텐츠를 제공하는 곳이었다. 하이브 인사이트에서 체험하고 구경할 수 있는 여러 부스들은 어떻게 하면 팬들이 원하는 것을 재미있으면서도 의미 있게 보여줄 수 있을지에 대해 고민한 흔적이 역력했다.

이런 것들은 하이브가 꾸준히 추구해온 트랜스미디어

transmedia 전략과 연관이 있을 것이다. 트랜스미디어 전략에 관해서는 한류와 BTS 전문가인 서울대학교 홍석경 교수의 『BTS 길 위에서』라는 책에 아주 잘 소개되어 있다. 간단하게 설명하면 BTS는 단순히 자신들의 음악을 들려주고 비디오를 보여주는 것에서 그치지 않고 그 안에 서사와 스토리, 콘셉트를 녹여 넣어 다채로운 미디어 활용을 통해 팬들에게 제공하며, 그런 다채로운 미디어 활용이 음악, 뮤직비디오, 가사 등과 결합했을 때 비로소 BTS라는 현상을 이해할 수 있는 계기가 마련된다는 것이다.

트랜스미디어 전략을 잘 활용한 대표적인 문화 콘텐츠로는 마블 영화가 있다. 마블 영화들은 한 편만 봐서는 사실 이해하기가 어렵다. 한 편의 영화를 이해하기 위해서는 거기에 등장하는 수많은 캐릭터를 모두 이해해야 하고, 그 캐릭터들을 이해하기 위해서는 그 캐릭터들이 주연으로 나오는 영화들을 또 봐야만 하나의 완성된 서사를 이해할 수 있다. 이를 마블 유니버스Marvel Universe라고 하는데, 이와 비슷한 트랜스미디어 전략으로 하이브는 BTS라는 하나의 세계를 구축해냈다. 이 또한 아미와 같은 적극적이고 능동적으로 활동하는 팬덤의 지지가 없었다면 불가능한 일이었을 것이다.

세상을 움직이는 선한 영향력

비록 '팬더스트리'라는 산업적인 용어로 불리지만 정작 이 속의 팬들은 단순히 수익을 창출해주는 역할을 하는 것에 서 그치지 않는다. 팬들은 그것을 뛰어넘어 글로벌한 규모 로 사회적인 영향력 혹은 문화적인 영향력을 행사하며 심 지어 현실 정치에도 영향을 끼친다. 요즘 많이 사용하는 표 현을 빌리면 '선한 영향력'이라고 할 수 있다.

과거에는 아이돌 팬덤을 '빠순이'라는 비하적인 표현으 로 묘사하는 경우가 많았다. 그리고 아직까지도 '사생팬'이 라고 해서 자기가 좋아하는 가수에게만 관심을 두고 몰래 따라다니며 몰카나 동영상을 찍고, 심지어 과도한 팬심으 로 스토킹 같은 사회 문제를 일으키는 경우도 있다. 하지만 아미를 중심으로 한 글로벌 케이팝 팬덤은 자신들이 좋아 하는 가수를 지지하는 차원을 넘어 사회적으로 좀 더 좋은 영향을 끼칠 수 있는 일을 찾아 나섰고 실천에 옮기는 모습 을 보여주었다. 그럼으로써 이들은 케이팝 아이돌 팬덤에 씌워져 있던 편견과 혐오를 걷어낼 수 있었을 뿐만 아니라, 자신들이 좋아하는 가수들의 이미지까지 긍정적으로 끌어

올리는 일거양득의 효과를 가져왔다.

대표적인 사례로 2020년 미국과 전 세계를 강타했던 BLM이라는 흑인 민권운동에 아미가 동참했던 일을 들 수 있다. 그들은 BTS가 기부한 금액과 같은 액수인 100만 달러를 인종차별 반대 운동 관련 단체에 기부하면서 자신들의 영향력을 과시했다. 또한 다수의 젠지 케이팝 팬들이 성차별이나 인종차별의 혐의가 짙은 보수 정치인, 예를 들어 도널드 트럼프 전 미국 대통령이 재선을 위해 유세를 벌일 때 유세장에 가기로 예약한 뒤 집단으로 참석하지 않는 'No Show(예약해놓고 나타나지 않는 행위)'로 유세장 분위기를 썰렁하게 만드는 적극적인 정치 참여 운동을 펼치기도 했다.

이처럼 처음에는 케이팝을 좋아하는 팬으로 모였지만, 이 젠지들의 모임은 케이팝을 넘어 자신들이 지지하지 않는 정치인이나 사상에 적극적으로 반대 의견을 피력하고 인종차별이나 성차별에 반대하는 등 정치·사회 운동을 하는 식으로까지 발전하고 있다. 과거에는 일부 좋아하는 사람만 좋아하는 것으로 여겨진 그들만의 문화가 이제는 실제로 사회를 움직이는 힘이 된 것이다.

최근들어 글로벌 케이팝 팬들은 기후 변화와 환경 문제에 대해서도 목소리를 내고 있다. 일부 케이팝 팬들이 전 세계적 문제인 기후 위기에 대응하기 위해 케이팝포플래닛KPOP4PLANET이라는 플랫폼을 개설했는데, 그들은 이 공간에서 친환경 콘서트를 기획하기도 하고, 환경오염을 줄일 수 있는 친환경 실물 음반을 만들 수 있는 방법을 모색하는 등의 다양한 활동을 통해 케이팝과 팬들이 환경 문제 해결에 어떻게 기여할 수 있는지 고민한다.

이처럼 글로벌 케이팝 팬들의 '본진'이라고 할 수 있는 사이버스페이스에서 이들은 팬클럽으로서의 활동만 하는 것이 아니라 세상에 자신들의 영향력이 미칠 수 있는 일들을 기획하고 실천한다. 인터넷 세상의 문화가 인터넷을 넘어 실제 현실에도 영향을 끼치는 것은 젠지들과 인터넷 세상의 관계, 그리고 그 문화를 대표하는 케이팝 팬덤 커뮤니티의 특징을 보여주는 흥미로운 사례라고 할 수 있다.

BTS 팬클럽인 아미가 이런 활동을 보인 이후 많은 가수의 팬들이 영향을 받아 유사한 방식으로 자신들의 선한 영향력을 펼치기 위해 노력하고 있다. 물론 이런 경향이 마냥 긍정적이라고 할 수만은 없다. 적극적인 일부 팬덤의 조직적인 활동이 다른 사람들에게는 역효과를 낼 수도 있고 심지어 반감을 줄 수도 있기 때문이다. 그렇다 하더라도 아미를 시작으로 확산된 현 글로벌 케이팝 팬덤의 다양하고 조직적인 활동이 선한 방향으로 이루어지면서 이후 팬덤 문화가 나아갈 길을 시사했다는 점은 분명하다.

지금까지 BTS의 성공을 이해하기 위한 네 가지 키워드에 대해 알아보았다. 그 키워드가 현재 젊은 세대들의 취향과 어떻게 연관되어 있고, 그것이 케이팝 이후부터 2020년대에 이르기까지 음악의 흐름에 어떤 시사점을 주었는지도 살펴보았다. 이제는 'BTS 시즌1'의 마무리인 그들의 활동 중단과 그 의미에 대해 이야기해볼 시간이다.

5장

잠시 멈춤,
그리고 한 세대의 마침표

✕ ◀◀ ▶ ▶▶ ↻

BTS다운 활동 중단 선언

2022년 6월 14일, BTS는 자신들의 유튜브 채널 <방탄 TV>를 통해 그룹으로서의 활동을 잠시 중단하고 개인 활동에 전념하겠다는 의사를 전달했다. 이들은 사실 2020년 초에 발매된 앨범 'On'까지 활동하고 'BTS 시즌 1'을 마무리하려 했으나, 코로나19라는 예상치 못한 재난 상황에 놓이면서 갑자기 세상이 달라져 그 타이밍을 놓쳤다고 말했다. 그러면서 '이제라도 각자의 정체성을 찾으며 이후 BTS의 새로운 장을 열고자 한다'는 심경을 밝히기도 했다.

BTS의 활동 중단 선언은 팬들을 포함한 모두에게 갑작스럽고 놀라운 일이었다. 그러나 이들의 활동 중단 선언은 앞서 이야기한 BTS만의 특별함을 전혀 배반하지 않으며 '너무도 BTS답게' 이루어졌다. 언제나 모든 활동에서 '진정성'과 '자신들의 목소리'를 강조해온 이들은 활동 중단 선언 역시 그들답게 실행했다.

이들은 활동 중단 선언을 미리 계획된 날짜에 수많은 기자들 앞에 앉아 기획사가 써준 원고를 어색하게 읽어 내려가는 일반적인 방식으로 진행하거나, 자신들의 목소리가 아닌 기획사의 발표를 통해 대리로 전달하는 방식을 취하지 않았다. 대신 BTS가 선택한 수단은 데뷔 초창기부터 글로벌 대스타가 된 지금까지 놓지 않고 꾸준히 진행해온 팬들과의 소통 채널인 〈방탄 TV〉였다.

이때는 이들의 군입대 문제가 정치인들에게 이용당하며 첨예한 논쟁거리가 되던 때였다. 소속사 하이브 관계자들의 몇 차례 돌출 발언으로 팬 외의 일반 대중 사이에서도 논란을 일으키며 많은 국내외 대중이 이들의 입대 여부에 촉각을 곤두세운 시기였다. 사실 멤버들은 지속적으로 '때

가 되면 입대할 것이다'라고 이야기해왔지만, 군입대 문제
는 워낙 예민한 사안인지라 논란은 갈수록 커졌다. 이것은
이들의 정체성이라고 할 수 있는 '진정성' 문제와도 직접적
으로 연관된 사안이었다. 군입대 의지를 지속적으로 밝혀
온 이들이 이유 여하를 막론하고 군대에 가지 않게 된다면,
몇 년에 걸쳐 쌓아 올린 이들의 진정성이 훼손될 것은 불
보듯 뻔했다. 하지만 이들의 군입대는 이미 각기 다른 입장
을 가진 정치인들이 직접 의견을 개진한 정치적인 문제이
자 소속사의 수익, 시가 총액과도 관련된 경제적인 문제가
되어버린 상황이었다. 많은 이들이 '이제 이 문제는 이들의
손을 떠났다'고까지 이야기할 정도였다.

　이 같은 복잡하고 어려운 상황에서 일반적인 케이팝 아
이돌이었다면 이런 문제에 대해 멤버들이 직접 의견을 밝
히기보다는 기획사에서 가수들의 목소리를 통제·관리하며
회사 차원에서 의사 표명을 했을 것이다. 그러나 BTS는 '멤
버들 간의 회식을 팬들에게 공개한다'는 형식을 통해 문제
를 정면 돌파하는 길을 택했다. 대부분의 BTS 팬들은 이들
의 활동 중단 선언을 접하며 이는 곧 멤버들이 정상적인 절
차를 걸쳐 입대하겠다는 메시지로 이해했고, 실제로 같은

해 12월 가장 연장자인 멤버 '진'이 입대하면서 군입대 논란은 자연스럽게 종지부를 찍었다.

이렇게 군대 문제나 그룹 활동 지속 여부, 솔로 활동 여부 등 이들을 둘러싼 민감한 사안들에 대해 보도 자료나 기획사의 발표가 아닌, 자신들의 목소리를 직접 담은 인터넷 개인 방송을 통해 주도적으로 이야기하고 이 방송 내용을 미디어가 전달하도록 한 것은 참으로 BTS다웠다.

이를 통해 BTS는 자신들의 진정성을 전달할 수 있었음은 물론이고, 불필요한 오해나 헛소문, 사실의 침소봉대 등을 사전에 차단하며 팬들과의 유대감을 깨지 않고 자신들의 이미지를 지킬 수 있었기 때문이다. 특히 해당 방송에서 멤버들이 밝힌 진솔한 감정들, 가령 빌보드 싱글 차트 1위를 차지한 곡임에도 불구하고 "〈Butter〉랑 〈Permission to Dance〉부터는 우리가 어떤 팀인지 잘 모르겠더라"라며 "케이팝 아이돌 시스템 자체가 사람을 숙성하게 놔두지 않는다. 계속 뭔가를 찍어야 하고 해야 하니까 내가 성장할 시간이 없다"라고 밝힌 RM의 자조적인 이야기는 많은 이들에게 화제가 될 정도로 BTS는 자신들의 솔직 담백한 진심을 전달하는 데에 성공했다.

이처럼 활동 중단 과정에서조차 이들은 끝까지 자신들을 지금의 위치에 있게 해준 진정성과 팬들과의 소통, 팬덤과의 끈끈한 유대관계를 잃지 않았다. 멤버들의 군복무가 끝나고 다시 돌아오게 될 BTS가 비록 이전처럼 발표하는 앨범마다 차트 1위를 차지하며 폭발적인 인기를 누릴지는 알 수 없으나 꾸준히 좋은 음악과 무대를 선보이며 팬들과 함께 나이를 먹어가고 케이팝을 대표하는 그룹으로 남아 있을 거라는 긍정적인 예상을 할 수 있는 이유다. BTS가 전성기가 지난 후에도 꾸준히 앨범을 발매하고 세계 순회 공연을 하며 여전히 최고의 음악인으로 남아 팬들과 만나고 있는 밴드 롤링스톤즈Rolling Stones나 유투U2와 같은 그룹이 되기를 기대해본다.

한 시대의 마무리, 새로운 시대의 시작

BTS의 활동 중단 선언은 충격적인 일인 동시에 케이팝 3세대의 종언終焉, 즉 맺음말과도 같은 상징적인 일이었다. 케이팝의 세대 구분에 대해서는 4부 1장에서 더욱 자세하게 논하겠지만 사실 3세대의 대표주자인 BTS와 더불어 케이팝의 영역을 전 세계로 확장한 블랙핑크나 트와이스 등은 여전히 활발히 활동을 이어가고 있다. 하지만 역시나 멤버들의 군복무로 완전체 활동이 멈춘 엑소나 소속사와의 계약 종료로 활동을 중단하게 된 여자친구 등 BTS의 활동 중단 선언 전후로 케이팝 3세대들 사이에는 확실한 지각변동이 일어났다.

특히 2020년 초부터 전 세계를 강타한 코로나19는 케이팝 산업에도 큰 영향을 끼쳤다. 〈강남스타일〉과 BTS의 성공 이후인 2010년대 중반부터 케이팝의 해외 시장은 비약적으로 넓어졌으며, 이에 많은 케이팝 기획사와 가수들이 해외 시장에서의 공연을 주요 수익원으로 삼아 활동해 왔다.

특히 몇몇 대형 기획사가 확고하게 시장을 장악해 유리한 고지를 선점하고 있는 국내 케이팝 시장에서 자리를 잡는 데에 어려움을 겪던 많은 중소기획사들에게 가파르게 성장하는 해외 시장은 새로운 동력을 공급하는 '블루 오션'이나 다름없었다. 그 새로운 시장에 적극 동참한 결과 코로나19 직전까지 많은 케이팝 가수들이 국내 활동보다 해외 활동에 주력하기도 했다.

그러나 코로나19로 인해 갑작스럽게 공연이 전부 멈추면서 이들 케이팝 기획사와 가수는 커다란 손해를 입었다. 한국국제문화교류진흥원에서 매년 발간하는 『한류백서』에 따르면, 코로나19로 인한 2020년 한 해 국내 음악 산업의 총 피해액은 1,400억 원에 육박했으며, 대부분 공연 취소와 무기한 연기로 인한 손실이었다. 실제로 다수의 중소 기획사가 그룹 활동과 유지에 필요한 자금을 조달하지 못했고, 일부는 소속 그룹을 해체하거나 무기한 활동 중단에 들어갈 수밖에 없었다.

그러나 이런 상황에서도 케이팝 시장은 예상과 달리 축소되기는커녕 오히려 확장되었다. SM, JYP, 하이브, YG 등 대형 기획사를 중심으로 VR과 메타버스Metaverse 등의 신기술을 활용한 다채로운 방식의 온라인 콘서트를 개최하며 새로운 가능성을 모색했고, 멀리 떨어져 있는 글로벌 팬들과 온라인을 통해 만나고 소통하기 위한 다방면의 노력을 기울였다.

코로나19 확산세가 점차 안정되어가며 2022년 하반기 이후 '일상으로의 회복'이 전 세계적으로 진행되고 있지만,

그럼에도 불구하고 이때 얻은 노하우는 이후의 온라인 콘텐츠 제작에 큰 도움이 되고 있다. 더불어 이 기간 동안 케이팝 실물 음반 판매량이 비약적으로 증가해 케이팝 산업에 돌파구를 제공했는데, 이는 글로벌 수용자들의 구매력이 케이팝 산업에 적극적으로 반영되기 시작했음을 나타내는 증거이기도 하다.

이렇듯 코로나19 기간 동안에 일어난 변화는 케이팝 산업에 '위기인 동시에 기회'가 되며 새로운 흐름을 일으키기에 충분했다. BTS가 활동을 중단한 것이 한 시대의 마무리를 상징적으로 보여준 일이었다면, 코로나19는 새로운 시대의 도래를 위한 일종의 과도기와도 같았다. 2020년대, 비로소 4세대 케이팝의 시대가 열린 것이다.

케이팝을 한마디로 정의하기 쉽지 않은 것처럼, 케이팝의 세대를 구분하는 일 역시 논쟁의 여지가 있다. 2023년 2월에 열린 미국 그래미 어워드에서 '힙합 탄생 50주년'을 기념하는 특별한 무대가 펼쳐졌는데 여러 유명 힙합 가수들이 공연을 통해 무대를 빛냈다.

그런데 정말 힙합의 실질적인 시작을 1973년으로 볼 수 있을까? 일부에서는 힙합의 개척자이자 시조라고 하는 DJ

쿨 허크Cool Herc가 뉴욕에서 연 길거리 음악 파티가 1973년 이었고 이것을 힙합의 시작으로 보아야 한다고 주장한다. 그래미가 2023년을 '힙합 탄생 50주년'이라고 명명한 것도 이 주장을 바탕으로 했을 것이다.

하지만 1970년대 중반까지만 해도 힙합은 지금처럼 그것의 직접적인 '부모'라고 할 수 있는 리믹스remix된 디스코 음악과 당시의 R&B나 소울 음악과 명확히 구분되어 불리지는 않았다.

실제로 '힙합'이라는 장르의 이름이 널리 쓰이게 된 것은 1979년 뉴저지 출신의 3인조 그룹 슈가힐 갱The Sugarhill Gang이 발표한 곡 〈Rapper's Delight〉가 빌보드 차트 Top 40에 들면서부터였다. 그전까지는 뉴욕의 댄스 클럽에서 알음알음 퍼져 있던, 하지만 디스코나 R&B, 소울의 하위 장르 정도로 여겨지던 이 음악은 이후 독립적인 장르가 되었고, 심지어 '힙합'이라는 장르명도 이 곡의 가사 속에서 유래했다고 주장하는 전문가들도 많다. 즉 어디를 장르의 기점으로 볼 것인가의 문제는 '시작'의 의미를 누가 어떻게 규정하느냐에 달려 있다.

하지만 1부에서 우리는 케이팝이 무엇인지를 다양한

측면에서 정의했고, 그 정의에 따라 케이팝의 시작점을 서태지와 아이들 혹은 그 이전이 아닌 1996년 H.O.T.로 잡았다. 다음 4부에서 다루게 될 내용의 중심을 이루는 '케이팝 4세대' 이야기는 이와 같은 시대 구분과 정의를 바탕으로 시작한다.

4부

Beyond the BTS, 케이팝 4세대가 온다

BTS를 비롯해 케이팝 3세대를 대표하는
많은 가수들과 기획사들은 한국이나 동아시아뿐만 아니라
미국, 서유럽, 남아메리카, 아프리카, 오세아니아, 중동 등
세계 곳곳의 팬들을 겨냥한 콘셉트로 음악을 만든다.
시장이 이렇게 달라졌다는 것은 케이팝이 로컬 음악을 뛰어넘어
글로벌 음악의 한 장르로 자리 잡았다는 뜻이다.
케이팝은 이제 4세대를 향해 나아가고 있다.
그 과정에서 케이팝은 어떤 변화를 거치게 될까?

1장

케이팝 시스템의
새로운 변화

× ◂◂ ▶ ▸▸ ↻

케이팝 4세대를 향한 흐름

1990년대 후반부터 2010년대 말까지의 케이팝은 뒤의 도표에 나타나 있듯이 보통 세 개의 세대로 구분한다. 케이팝 세대를 나누는 기준은 매우 다양한데 그중 하나가 가수들의 나이에 따른 구분이다.

케이팝 1세대는 보통 1970년대 후반에서 1980년대 초반에 태어난 가수들이 주를 이룬다. 그리고 2세대는 1980년대에 태어난 가수들이, 3세대는 1990년대부터 2000년대 초반에 태어난 가수들이 주를 이룬다.

또 다른 구분은 음악적인 스타일과 활동 무대 등 음악의 내외적인 요소 변화를 기준으로 한다. 케이팝 1세대는 한국 시장을 겨냥해 음악을 만들었다. 물론 케이팝 1세대 대표 주자인 H.O.T.라든가 젝스키스, 핑클, S.E.S.의 경우 해외 시장에서도 어느 정도 인기가 있었던 것은 맞다. 특히 H.O.T. 같은 경우는 중국에서 인기가 아주 많았다. 하지만 케이팝 1세대 대부분이 한국 시장을 우선으로 겨냥해 활동했다. 그렇다 보니 특히 한국의 젊은이들이 좋아할 만한 음악과 콘셉트의 가수들을 데뷔시켰다.

케이팝 2세대로 넘어가면 그 양상이 조금 달라진다. 케이팝 2세대 대표 주자로는 빅뱅, 슈퍼주니어, 소녀시대, 원더걸스 등이 있다. 특히 슈퍼쥬니어의 경우가 독특한데, 바로 중국인 멤버로 함께 활동했던 '한경'의 존재 때문이다. 이때는 케이팝이 이미 동아시아 시장에서 인기를 얻고 있어서 동아시아 팬들이 좋아할 만한 멤버를 영입하고 동아시아 팬들이 좋아할 만한 음악을 만들어 한국, 중국, 홍콩, 일본 등을 중심으로 활발하게 활동했다. 여기에 대해서는 뒤에서 좀 더 자세히 이야기할 것이다.

케이팝 3세대의 대표적인 그룹은 BTS다. 이때부터는 케이팝이 1세대 때의 한국, 그리고 2세대 때의 동아시아를 넘어 전 세계 시장을 상대로 활동 무대를 넓혀나갔다. 이제 기획사와 가수들은 한국이나 동아시아 팬뿐만 아니라 미국, 서유럽, 남아메리카, 아프리카, 오세아니아, 중동 등 세계 곳곳의 팬들을 겨냥한 콘셉트로 음악을 만들기 시작했다. 시장이 이렇게 달라졌다는 것은 그룹이나 기획사가 추구하는 방식 또한 달라졌다는 것을 의미하며, 다른 한편으로는 케이팝이라는 음악이 한국의 지역 음악, 즉 로컬 음악

케이팝의 세대 구분

구분	1세대	2세대	3세대
시기	1996~2001년	2007~2012년	2013~2019년
가수 (아이돌) 연령	1970년대 후반~ 80년대 초반 출생	1980년대 중반~ 90년대 초중반 출생	1990년대 중후반 이후 출생
장르	댄스음악 (힙합 가미)	EDM, 힙합, 팝, 기타	EDM, 힙합, R&B, 록, 팝, 재즈, 기타
주요 시장	한국 중심, 일부 동아시아 지역(중국어권)	한중일 중심, 동남아시아 일부	한국, 동아시아, 미주(북남미), 유럽 및 기타
미디어	위성방송, 음반(해적판)	음반, 현지 방송, 유튜브	인터넷 미디어 플랫폼 (유튜브, 브이앱, 기타), 소셜 미디어

을 뛰어넘어 전 세계 사람들이 즐기는 글로벌 음악의 한 장르로 자리 잡았다는 뜻이기도 하다. 2020년대로 들어와 '케이팝 4세대' 이야기가 나오고 있는 지금, 이 흐름은 더욱 분명하고 강력해지는 중이다.

비한국인 솔로 가수가 부르는 케이팝

한국 시장을 넘어 동아시아를 거쳐 전 세계로 퍼져나간 케이팝은 이제 한국인만이 아닌 전 세계인의 음악으로 자리 잡고 있다. 케이팝을 즐기는 사람만이 아니라 케이팝을 만들고 부르는 사람 중에서도 비한국인의 비중이 점차 늘어나고 있는 것이다. 사실 케이팝이 '송 캠프song camp'라고 해서 한두 명이 아닌 십 수명의 작곡가와 프로듀서 팀에 의해 음악이 만들어지게 된 것은 이미 2000년대 중반부터다. 송캠프는 보통 다양한 나라 출신의 작곡가와 프로듀서들이 모여 있기 때문에 케이팝 음악 제작에서 비한국인의 비중은 상상 이상으로 높다. 그러나 3세대 후반부터는 제작뿐만 아니라 실연, 즉 노래를 부르고 퍼포먼스를 보여주는 아이돌 역시도 비한국인의 비중이 점차 증가하는 추세다. 이런 변화는 여러 가지 측면에서 감지된다.

첫 번째 변화로는 한국인이 아닌 솔로 가수가 부르는 케이팝 사례다. 대표적인 경우로 일본 출신의 가수 '유키카 YUKIKA'와 태국 출신의 가수 '나띠Natty'를 들 수 있다. 기회가 된다면 유키카의 〈서울 여자〉와 나띠의 〈Nineteen〉이라는 곡을 들어보기 바란다. 이 두 사람이 얼마나 유창한 한국어 발음으로 노래를 하는지 단번에 알 수 있다. 이들의 국적을 모른 채 듣는다면 이들이 한국인인지 일본인인지 태국인인지 구분하기 어려울 정도다.

이들은 비단 한국어 발음뿐만 아니라 뮤직비디오 스타일이나 가수의 외모, 춤 등 모든 부분에서 케이팝의 전형적인 이미지를 갖추고 있다. 그렇다 보니 이 가수들을 보면서 해외 출신이라고 생각하기는 어렵다. 그도 그럴 것이 유키카와 나띠는 케이팝 아이돌로 성공하기 위해 일찍부터 한국으로 건너와 한국어를 배웠고, 한국 TV나 기획사에서 주최하는 다양한 오디션에도 적극적으로 참여했다. 이처럼 최근에는 한국인이 아님에도 불구하고 한국으로 건너와 한국말을 배우고 한국어로 노래를 부르며 한국 케이팝 아이돌 시스템에 따라 솔로로 데뷔하는 경우가 점차 눈에 띄고 있다.

사실 우리나라에서 외국인 케이팝 아이돌이 활약하기 시작한 건 꽤 오래전부터다. 케이팝 1세대의 경우에는 '완벽한' 외국인이라기보다 해외 교포들이 대부분이었다. 대표적인 1세대 아이돌그룹 H.O.T.의 '교포 멤버'였던 토니가 진담 반 농담 반으로 이야기하듯, 당시 케이팝 아이돌 그룹 내 교포 멤버들의 역할은 말 그대로 '외국인'이었다. 주로 미국이나 캐나다 등 북미 출신 교포였던 이들은 존재 그 자체만으로 '미국에서 직수입된' 글로벌 트렌드를 반영했다. 한마디로 당시 교포(외국인)는 일종의 '선진 문물'의 상징과도 같았다.

2세대부터는 본격적으로 외국인들이 한둘씩 멤버에 포함되었다. 앞서 언급한 슈퍼주니어의 한경, f(x)의 빅토리아나 엠버, 2pm의 닉쿤 등이 그런 예다. 특히 한경의 존재감으로 슈퍼주니어가 중국을 포함한 중화권에서 큰 인기를 얻게 되자 이를 참조한 많은 기획사들이 앞다투어 외국인 멤버를 영입하기 시작했다. 이들은 1세대 때의 교포 멤버들과는 달리, 출신 나라의 팬들을 공략하기 위한 일종의 전략적 교두보 역할을 수행했다.

케이팝 3세대가 되면서는 외국인들이 케이팝 그룹의 일원으로 활동하는 경우가 더욱 보편적이다. 3세대 이후 케이팝 그룹에는 일일이 예를 들 수 없을 만큼 외국인 멤버가 많아졌는데, 대부분의 그룹이 외국인 멤버를 포함하고 있을 뿐만 아니라 트와이스처럼 과반수에 가까운 멤버가 비한국인인 경우도 있다. 외국인 멤버가 없는 BTS가 오히려 아주 예외적인 경우다.

이제 케이팝에서는 한국인 멤버가 주를 이루고 외국인 멤버가 한두 명 참여하는 차원을 넘어 나띠나 유키카처럼 아예 외국인이 단독으로 케이팝의 문법을 따라 케이팝 가수로 데뷔하는 경우가 생겨나고 있다. 흥미로운 점은 이들이 한국 사람이 아님에도 불구하고 한국의 케이팝 팬이나 해외의 케이팝 팬들 모두 이들을 그냥 케이팝 가수로 취급한다는 것이다. 이들이 케이팝 가수로 불리는 이유는 당연히 이들이 보여주는 활동 방식, 이미지, 노래 스타일, 가사 등이 모두 케이팝스럽기 때문이다. 심지어 이들 모두 한국 말로 노래를 부르기 때문에 해외 팬들 입장에서는 이들을 케이팝 가수로 보지 않을 이유가 없다. 국적과 상관없이 이들은 앞서 언급한 '케이팝이기 위한 조건들'을 모두 갖추고 있는 셈이다.

또 한 가지 흥미로운 특징은 이들이 대부분 동아시아계라는 점이다. 해외 멤버들이 속해 있는 케이팝 그룹을 살펴보면 그들 대부분이 동아시아 출신이거나 혹은 미국 출신이더라도 대만계 미국인, 중국계 미국인, 태국계 미국인 출신이라는 것을 알 수 있다. 이런 점을 보면 케이팝이 아무리 세계화되었다고 해도 여전히 한국의 음악인 동시에 동아시아 사람의 음악으로 인식되고 있음을 확인할 수 있다. 따라서 나띠나 유키카의 국적이 한국이 아니라는 것은 이렇다 할 문제가 되지 않는다. 이런 경향으로 미루어볼 때 앞으로 동아시아계 가수의 한국 시장 진출과 활동은 점점 더 늘어날 것으로 보인다.

해외에서 비한국인이 부르는 케이팝

케이팝 내 외국인의 비중, 역할과 관련된 두 번째 변화는 한국인이 아닌 외국인이 해외에서 케이팝 아이돌로 활동하는 경우다. 2010년대 후반까지만 해도 이런 사례가 흔하지 않았으나 최근에는 점점 더 많이 등장하고 있다. 두 그룹을 예로 들어 살펴보자.

첫 번째로 SM 소속의 웨이션브이威神V 혹은 웨이브이 WayV라고 불리는 7인조로 구성된 다국적 보이그룹이다. 이들은 처음에는 NCT 프로젝트의 일원으로 시작했다가 최근 웨이션브이라는 이름으로 활동하기 시작했다. 이 그룹의 곡 중 〈Take Off〉의 뮤직비디오를 보면 전형적인 케이팝 스타일의 영상미를 구현하고 있음을 바로 확인할 수 있다. 음악 스타일도 전형적인 케이팝 아이돌 댄스음악이고, 춤이나 가수들의 외적인 이미지와 퍼포먼스 역시 완전한 케이팝 스타일이다.

그런데 이 노래는 중국어를 중심으로 거기에 영어 단어와 어구가 몇 개 첨가된 중국 노래다. 또한 이 그룹에는 한국인 멤버가 전혀 포함되어 있지 않으며, 중국인 혹은 중국계나 동아시아계 멤버들이 포함되어 있을 뿐이다. 그리고 이 그룹은 유키카나 나띠와는 다르게 한국 무대에서 활동하지 않고 중국 무대에서 중화권 국가의 팬들을 대상으로 활동하며 한국에는 가끔 들어오는 정도다.

비슷한 두 번째 예시로는 JYP 소속의 니쥬NiziU라고 하는 일본의 9인조 걸그룹이다. 박진영이 일본 방송국과 손잡고 실시한 공개 오디션 프로그램을 통해 멤버를 선발해 만든 그룹이다. 니쥬는 웨이션브이와 마찬가지로 멤버 중에 한국인이 한 명도 포함되어 있지 않으며 아홉 명 모두 일본인이다. 그리고 웨이션브이가 중국어로 노래를 하듯이 니쥬 역시 일본어로 노래를 한다. JYP 소속이지만 트와이스나 잇지, 엔믹스 등과 같은 동료 JYP 걸그룹처럼 한국에서 활동하는 게 아니고 일본 시장을 주무대로 활동하는 로컬 그룹이라고 할 수 있다. 우리에게 아주 익숙한 〈젓가락 행진곡〉을 주제로 한 이들의 곡 〈Chopstick〉의 뮤직비디오를 보면 음악, 춤, 이미지 등 모든 것이 더할 나위 없이 케이팝이기 위한 조건들을 충족시키고 있다는 것을 확인할 수 있다.

이 그룹들이 과연 현지에서는 어떻게 받아들여지고 있을까? 이 그룹들이 각각 중국과 일본에서 활동을 하며 중국어나 일본어로 노래를 부르는데도 불구하고 현지에서는 이들을 케이팝 가수의 일원으로 인식하는 경향이 강하다. 중국이나 일본이 아닌 미국이나 다른 해외 팬들 역시 이들을 여러 케이팝 가수들 중 일부로 취급한다.

유키카나 나띠의 경우에는 한국어로 노래를 하고 한국 무대에서 활동을 하기 때문에 이들을 케이팝 가수로 부르는 게 그렇게 어색한 일은 아니다. 하지만 중국인 혹은 일본인들이 각자의 나라에서 활동하고 자신들의 언어로 노래를 부르는데 자국의 팬들마저 이들을 케이팝 가수로 여긴다는 것은 꽤나 흥미로운 점이다. 지금까지 우리는 케이팝 가수라고 하면 한국인이 주를 이루고 한국어로 노래를 부르고 한국에서 활동하는 가수로 여겨왔다. 그런데 이제는 그 조건을 충족시키지 않는 가수들의 음악도 케이팝으로 불리게 된 것이다.

현지 팬들과는 달리 한국 팬들 중에는 웨이션브이나 니쥬 같은 그룹을 케이팝으로 인정하지 않는 사람들도 있다. 웨이션브이가 한국의 TV 순위 프로그램에 나와 중국어로 노래를 했을 때 몇몇 팬들이 왜 중국 그룹을 한국 가요 프로그램에 출연시키느냐고 반발한 경우가 있다. 하지만 국내에서도 대부분의 팬들은 웨이션브이나 니쥬 같은 그룹을 케이팝의 일원으로 여기는 데에 별다른 거부감을 느끼지 않는다.

4세대 케이팝의 조건

웨이션브이나 니쥬가 이렇게 케이팝 그룹으로 인식되는 이유는 무엇일까? 앞서 살펴본 것처럼 이들의 음악이나 퍼포먼스가 케이팝이기 위한 여러 조건들을 충실히 만족시킨다는 점은 물론 중요하다. 그러나 더욱 중요한 이유는 바로 이들을 제작·관리·유통하는 소속사가 케이팝을 대표하는 기획사인 한국의 SM과 JYP이기 때문일 것이다. 그룹 멤버가 한국인이 아니라 하더라도 이들이 케이팝이기 위한 주요 조건 중 하나인 케이팝 비즈니스 모델에 맞춰 만들어진 그룹이다 보니 무리 없이 케이팝 그룹으로 인식되는 것이다. 특히 이들이 케이팝 시스템만 따라 한 것이 아니라 실제로 한국 케이팝 산업의 일부라는 점은 매우 중요한데, 그래서인지 박진영 씨 역시 한 TV 프로그램에서 "트와이스나 잇지ITZY, 니쥬 모두 다 같은 나의 가수이고 나의 자식 같은 존재"라고 이야기한 적이 있을 정도다.

　케이팝 3세대까지만 해도 케이팝이라고 하면 한국 가수가 주축이 되어야 하고 한국어로 노래를 불러야 한다고 생각했었다. 하지만 이제는 한국 가수가 아니더라도, 또 한국어로 노래를 하지 않더라도 케이팝 특성 중 주요 몇 가지 요소만 충족시키면 국내외 팬들은 이들 비한국인 그룹들을 충분히 케이팝으로 받아들일 준비가 된 것이다. 케이팝 3세대 후반부터 나타나기 시작한 새로운 변화의 조짐이다.

국내의 중소형 기획사 쇼비티가 키워낸 필리핀 보이그룹으로 최근 본국인 필리핀과 동남아시아에서 주목받으며 BTS가 수상했던 빌보드 뮤직 어워드의 '톱 소셜 아티스트' 부문 후보에 올랐던 SB19의 정체성에 관한 논쟁도 이와 관련이 있다. 웨이션브이나 니쥬와는 달리 SB19는 자신들이 케이팝이 아닌 필리핀 음악임을 전면에 내세우지만, 이들의 열성 팬을 제외한 다수의 글로벌 케이팝 팬들은 여전히 이들을 케이팝의 일부, 심지어는 '아류' 정도로 여기며, 해외 미디어도 SB19를 '케이팝' 카테고리에 포함시킨다. 그것은 이들이 여전히 케이팝 산업과 비즈니스 모델의 일부이기 때문이다.

최근에는 동아시아 바깥에서도 비슷한 흐름이 가시화되기 시작했다. 하이브가 미국에서 오디션을 통해 선발한 현지인들로 구성된 그룹을 만들어 미국에서 데뷔시키고자 추진하고 있는 프로젝트가 대표적이다. 이 프로젝트가 현실화한다면 이 그룹은 영어로 노래를 부를 가능성이 크다. 그리고 이 그룹에는 한국인이 포함되지 않거나 백인과 흑인, 히스패닉 등 다양한 인종으로 멤버가 구성될 것이다. 그러나 이 그룹을 하이브가 직간접적으로 관리하며 이들을 케이팝 방식으로 트레이닝을 하고 케이팝스러운 음악과 춤, 이미지로 무장해 데뷔시킨다면 아마도 국내외 팬들은 이 그룹을 자연스럽게 케이팝의 일부로 여길 것이다. 어쩌면 이들은 '아메리칸 케이팝American K-Pop'과 같은 새로운 이름을 부여받을지도 모른다.

웨이션브이나 니쥬 같은 경우는 중국과 일본, 즉 동아시아인들로 구성된 그룹이다 보니 이들을 케이팝 가수로 받아들이는 데에 정서적 거부감이 크게 없었다. 케이팝은 한국만이 아니라 동아시아를 아우르는 음악이 된 지 이미 오래이기 때문이다. 그런데 이제는 동아시아를 넘어선 국적의 구성원으로 이루어진 그룹이라도 한국 기획사가 한국 비즈니스 모델을 통해 만들면 케이팝으로 인정받는 상황이 되어버린 것이다. 그만큼 케이팝이라는 장르가 우리의 생각 이상으로 세계화되어 있다는 의미일 것이다.

2장

케이팝 4세대가 온다

케이팝 시대의 내리막 혹은 세대교체

1996년 H.O.T.의 데뷔를 케이팝의 시작으로 본다면 '케이팝의 시대'는 어느덧 25년을 넘어 30년을 향해가고 있다. 이 30년에 가까운 시간 동안 케이팝은 국내 시장과 팬만을 위한 음악에서 출발해 중국어권 국가들(중국, 대만, 홍콩)과 동아시아 수용자들을 차례차례 사로잡았다.

〈강남스타일〉과 BTS 이후 케이팝은 북미와 남미, 유럽, 중앙아시아, 중동, 오세아니아, 아프리카 등 동아시아 바깥

전 세계 시장 진입에도 성공했다. 이런 상황에서 최근 '이제 케이팝은 정점을 찍고 내려오는 일만 남았다'는 예상이 심심치 않게 나온다.

흥미로운 점은 이런 예상이 한류와 케이팝 세계화의 초창기부터 꾸준히 제기되었다는 것이다. TV 드라마를 중심으로 중국어권 국가들에서 한류가 처음 가시화되었던 1990년대 후반에도, '겨울연가'와 '욘사마' 열풍이 일본을 강타했던 2000년대 초중반에도, 〈강남스타일〉이 성공했던 2010년대 초반에도, 그리고 BTS와 블랙핑크가 전 세계를 강타한 2010년대 후반에도 많은 이들이 다양한 이유를 들어 케이팝과 한류에 부정적인 전망을 내놓곤 했다. 대체로 케이팝이나 한류는 반짝인기에 불과하며, 2~3년 이내에 그 인기가 사그라지고 중국이나 일본 등 다른 동아시아 문화가 그 자리를 대체할 거라는 전망이었다.

그러나 그 '2~3년'은 끊임없이 뒤로 미루어졌다. 어느덧 30년 가까운 시간이 흘렀음에도 케이팝과 한류의 인기는 건재하며, 오히려 그 규모가 동아시아 바깥의 전 세계를 아우르는 규모로 커졌다. 25년 혹은 30년이라는 시간은 기나긴 역사의 흐름에서 보면 그렇게 긴 기간은 아니지만, 적어도 어떤 대중문화가 30년 가까운 시간 동안 끊임없이 변화하고 발전하며 지속적인 인기를 얻었다면 그것을 '곧 사라질 거품'으로 취급하는 것은 타당하지 않다. 따라서 이제는 한류나 케이팝의 인기에 낀 거품이 곧 빠질 거라는 예측은 조심스럽게 뒤로 미루어놓아야 할 것 같다.

그보다 지금은 새로운 세대의 한류, 특히 새로운 세대의 케이팝이 어떤 모습으로 글로벌 수용자에게 다가갈지에 대해 좀 더 초점을 맞춰야 하는 시기, 즉 일종의 '변곡점'으로 보는 것이 더 타당하다. 코로나19로 인해 전 세계가 혼란에 빠졌던, 그러나 BTS와 블랙핑크, 트와이스 등이 전례 없는 큰 성공을 이루고 이어 새롭게 등장한 후배 그룹들마저 해외 팬들에게 꾸준히 인기를 얻기 시작한 2020~22년은 보통 3세대로 불리던 케이팝이 4세대로 전환하는 시기로 여겨진다.

지금까지 한류의 세대 전환은 보통 케이팝의 세대 전환과 거의 일치해왔다. 특히 TV 드라마 중심이었던 초창기 한류는 2000년대 후반 이후 그 중심축이 케이팝으로 넘어와 케이팝의 변화는 곧 한류의 변화로 이어졌다. 따라서 케이팝이 4세대로 넘어가는 지금은 한류 역시 곧 4.0으로 전환하는 시기라고도 볼 수 있다. 케이팝 4세대에 관한 논의가 더욱 필요한 이유다.

케이팝은 언제나 '젊은 세대의 음악'이었다

케이팝의 세계적인 인기가 거품처럼 단기간에 사라질 거라는 일부의 부정적인 예측에 동의하지 않는 이유는, 글로벌 음악 시장에서 적어도 40년 이상 인기를 누린 록이나 힙합, 전자음악 등의 음악 장르와 케이팝이 비슷한 특징을 공유하기 때문이다. 그 특징은 바로 이들 장르가 언제나 '당대의 젊은 세대'들이 즐기고 사랑하는 음악이라는 점이다.

젊은 세대들의 사랑과 지지를 받는 것이 중요한 이유는 음악 산업의 가장 강력한 지지자이자 주요 소비층이 바로 이들이기 때문이다. 즉 매 시기 젊은 세대들을 매혹할 수 있다면 그 음악 장르는 계속 인기를 누리며 영향력을 행사할 수 있다. 또한 음악 취향은 보통 10~20대에 형성되어 이후 큰 변화 없이 이어지는 경우가 대부분이기 때문에 젊은 세대가 세월이 흘러 기성세대가 되어도 자신들이 젊었을 때

들었던 음악을 꾸준히 즐기고 소비하는 오랜 팬으로 남는 경우가 많다. 따라서 당대 젊은 세대의 전폭적인 지지를 얻어 그들의 대표적인 문화가 된 음악 장르는 쉽사리 사라지지 않는다.

록의 사례를 보자. 록의 시초는 1950년대 미국 흑인 음악인 R&B와 백인 음악인 컨트리 요소가 뒤섞여 생겨난 로큰롤이다. '로큰롤의 제왕'으로 불리며 록을 최고의 인기 장르로 만든 엘비스 프레슬리는 미국 남부 테네시 주의 도시 멤피스 출신 백인이지만, 2022년 개봉한 영화 〈엘비스〉에서 잘 묘사되어 있듯 그는 노동자 계급 출신으로 빈민가에서 어린 시절을 보내며 가난한 이웃 흑인들의 문화를 자연스럽게 자신의 것으로 받아들였다. 이런 문화적 배경을 바탕으로 두 문화의 음악에 모두 깊은 조예가 있던 엘비스 프레슬리는 록큰롤을 통해 백인 음악과 흑인 음악의 진정한 '하이브리드'를 이루어냈다.

그러나 당시 미국의 주류였던 백인 기성세대는 흑인 음악의 감성에 강렬한 율동을 결합한 에너지 넘치는 음악을 선보인 엘비스 프레슬리를 달가워하지 않았다. 그래서 그의 음악은 몇몇 방송국에서 금지곡 처분을 받기도 했고, 그의 TV 공연 영상은 '선정적'이라는 이유로 편집되거나 일부만 방송되기도 했다.

그럼에도 불구하고 엘비스 프레슬리의 로큰롤이 성공할 수 있었던 것은 그가 1950년대 젊은 세대의 전폭적인 지지를 이끌어낸 덕분이었다. 흑인 음악과 백인 음악의 하이브리드라는, 당시로서는 매우 새롭고 독특한 록의 음악적 특징과 더불어 그것을 고스란히 담아낸 그의 '퍼포먼스'는 신선하고 역동적인 문화를 갈구하던 당시 미국의 10~20대들을 사로잡았다.

미국 대중음악의 영향력에 힘입어 그의 로큰롤은 곧바로 전 세계로 퍼져나갔다. 엘비스 프레슬리에게 커다란 영향을 받았던 당대의 청소년들 중 하나가 바로 영국의 비틀즈였으며, 이들은 엘비스 프레슬리 스타일의 미국 로큰롤을 그대로 따라 하는 것에 멈추지 않고 다양한 음악적 변화와 실험을 통해 록의 영역을 크게 확장했다. 이를 통해 비틀즈는 1950년대의 엘비스 프레슬리가 그랬던 것처럼, 1960년대 당대의 젊은이들을 사로잡으며 해당 시기 젊은 세대의 문화적 상징이 되었다.

비틀즈 이후에도 록은 꾸준히 변화와 발전을 거듭하며

특정 시대 젊은 세대의 감수성을 대변해왔다. 1970년대의 레드 제플린과 딥 퍼플, 1980년대의 듀란듀란과 건즈 앤 로지즈, 1990년대의 너바나와 그린데이, 2000년대의 스트록스와 콜드플레이까지, 록은 언제나 젊은 세대와 함께해왔다. 비록 2010년대에 들어오면서 록의 위상이 과거와 같지 않다는 이야기가 종종 나오지만, 엘비스 프레슬리 시절로부터 70년 가까이 흐른 지금도 여전히 록은 젊음의 에너지와 감수성을 대변하는 이미지를 잃지 않고 있다.

이렇게 록이 오랫동안 당대의 젊은 세대를 사로잡을 수 있었던 것은 시대의 취향에 맞게 음악의 내외적 특성을 모두 변화시켜왔기 때문이다. 언제나 젊은 세대들은 새롭고 신선하면서도 자신들을 기성세대와 차별화할 수 있는 음악과 문화를 원한다. 즉 록을 듣고 록밴드를 좋아하며 록과 관련된 각종 문화(패션, 머리 모양, 제스처, 언어, 행동 방식 등)를 즐기는 행위는 곧 새로운 시대의 상징이자 젊은 세대 고유의 정체성을 확립하기 위한 수단이었다. 젊은 세대의 잠재된 욕망에 발맞추어 록은 꾸준히 자신의 모습을 변화시켰고, 때로는 흐름을 선도하기도 했다. 이런 특징은 1970년대 후반 등장해 40여 년이 흐른 지금까지도 꾸준히 젊은 세대의 음악과 문화로 자리하고 있는 힙합과 전자음악도 마찬가지다.

케이팝은 어떤가? '아이돌 댄스음악'이라는 이름으로 처음 케이팝이 한국에 등장했을 때부터 케이팝은 10~20대의 젊은 세대를 위한 음악이었다. 1990년대 말에서 2000년대 초반 중국어권 국가에 케이팝 1세대의 음악이 알려지게 된 것도 당시 해당 지역의 젊은 세대가 케이팝에 열광했기 때문이었고, 2000년대 후반 케이팝 2세대가 일본을 포함한 동아시아 전역으로 인기를 확장할 수 있었던 것 역시 이 지역 젊은 세대들의 높은 지지 때문이었다. 처음 케이팝을 좋아했던 세대들과 이들은 동일한 세대가 아니었으니, 이 시기 케이팝은 지역뿐만 아니라 세대의 측면에서도 팬층을 더 넓게 확장한 셈이다.

그리고 앞서 2부와 3부에서도 이야기한 것처럼 2010년대에 BTS를 선두로 한 케이팝 3세대는 당대의 10~20대인 젠지의 취향을 만족시키면서 동아시아 바깥으로 영역을 확장해 명실공히 '전 세계의 인기 음악'이 되었다. 록이 그랬던 것처럼, 그리고 힙합이 그랬던 것처럼 케이팝 역시 당대 젊은 세대의 문화적 상징으로 자리매김하는 데에 성공했다고 볼 수 있다. 특히 케이팝의 인기가 30년 가까이 지속된 한국을 포함한 동아시아에서는 과거 케이팝을 좋아했던 30~40대 부모 세대와 현재 케이팝 팬인 10~20대 자식 세대가 함께 케이팝을 즐기는 일도 심심치 않게 볼 수 있다. 젊은 세대 음악으로서의 케이팝이 세대 간의 가교 역할까지 하고 있는 것이다.

그 과정에서 케이팝은 꾸준히 성장하고 진화해왔다. 댄스음악 일변도이던 케이팝은 이제 힙합, R&B, 전자음악은 물론 록과 어쿠스틱 포크, 팝 발라드, 심지어 재즈와 라틴팝의 요소까지 아우르는 다채로운 음악을 선보이고 있다. 그리고 4부 1장에서 살펴본 것처럼 다양성의 시대에 발맞추어 케이팝은 한국인의 음악에서 한국계 외국인, 동아시아계 외국인을 포괄하는 음악이 되었다. 또한 글로벌 작곡가와 프로듀서들의 송 캠프 시스템을 바탕으로 하는 케이팝 음악 제작 방식은 심지어 그보다 더욱 국제적이다.

이제는 동아시아계 이외의 인종과 민족도 속속 케이팝 산업으로 들어오고 있다(여기에 관해서는 다음 장에서 더욱 자세히 논할 것이다). 그리고 2020년대에 이르러 케이팝은 또 한 번의 전환기를 맞은 것으로 보인다. 바로 3세대에서 4세대로의 이행이다.

케이팝 4세대만의 정체성

케이팝 4세대를 이전 세대와 구분 짓는 특징은 무엇일까? 다른 세대와 마찬가지로 4세대 역시 가수들의 나이, 장르, 주요 시장과 수용자층, 유통과 소비가 이루어지는 미디어를 중심으로 특성을 파악할 수 있다.

2023년 현재 케이팝 4세대의 대표주자로 여겨지는 아이브, 르세라핌, 뉴진스, (여자)아이들, 투모로우바이투게더, 엔하이픈 등의 특징은 다음과 같다.

우선 이들은 대체로 2000년대에 태어난 10대 중반에서 20대 초반 정도의 나이라는 점에서 1990년대 중반 출생이 대부분인 3세대와 구분된다.

더불어 음악을 만드는 방식에서도 과거처럼 전적으로 기획사 전속 작곡가나 기획사의 의뢰를 받은 송 캠프에서 만든 음악에 의존하기보다는 멤버들이 직접 작사와 작곡에 참여하는 비중이 크게 늘어났다. 예전에도 빅뱅이나 BTS의 경우처럼 멤버들이 작곡과 프로듀싱 등 음악 제작 과정에 참여하는 팀이 없었던 것은 아니다. 하지만 4세대의 경우는 좀 더 많은 팀의 다양한 멤버들이 음악 제작에 관여한다는 점에서 이전 세대와 확실히 차별화된다.

또한 '작곡돌(작곡하는 아이돌)=남돌(남성 아이돌)'이라는 과거의 일반적인 인식과는 달리 4세대에서는 여성 아이돌의 참여도 눈에 띈다. (여자)아이들의 소연이 대표적인 예다. 소연은 작곡과 음악 제작뿐만 아니라 그룹의 콘셉트를 만드는 과정에서도 기획사에 적극적으로 자신의 의견을 내는 것으로 유명하다. 이는 음악적 다양성의 증대와 아울러 '자신의 의지와 무관하게 기획사의 전략에 따라 만들어지고 움직이는 상품' 취급을 받곤 하던 케이팝 아이돌들이 자신의 정체성을 확립하고 창작 철학을 키워 더욱 훌륭한 음악인으로 성장하는 밑거름을 제공하고 있다.

케이팝 4세대의 또 다른 특징이라면, 해외 시장의 극적인 성장에 힘입어 한국 시장보다는 해외 시장에 더욱 비중을 두고 활동하던 그룹들이 잇달아 등장했던 3세대와는 달리 국내 시장에 보다 주력하는 그룹들이 늘어났다는 점일 것이다.

얼핏 보면 이런 흐름은 국내 시장에만 의존하던 1세대나 해외 시장으로 진입했지만 여전히 국내 시장의 비율이 높았던 2세대 때로 후퇴한 듯 보인다. 하지만 실상은 조금 다르다. 물론 코로나19로 인해 해외 공연이 어려워지면서 이 무렵에 데뷔해 해외 팬덤을 미처 형성하지 못한 4세대 케이팝 가수들이 어쩔 수 없이 국내 시장에 발이 묶인 이유도 있다. 그러나 이들이 국내 시장에 더욱 집중하게 된 이유는 '케이팝의 본진'이라고 할 수 있는 한국 시장의 동향이 글로벌 음악 산업과 더욱 밀접하게 연결되었기 때문이라고 볼 수 있다.

과거에는 한국 시장에서의 인기가 해외 시장에서의 성공으로 바로 이어지지 않았다. 대부분의 케이팝 가수들은 먼저 자국인 한국 시장에서 이름을 알린 후 일본과 중국어권 시장, 그리고 기타 동아시아 국가 시장의 문을 두드렸다. 그리고 거기에서 성공하면 그때 미국 등 동아시아 바깥 시장 진입을 시도했다. 2세대의 빅뱅, 3세대의 트와이스, 엑소 등이 이런 '정석 루트'를 밟았던 대표적인 그룹들이다. 이로 인해 케이팝의 세계화 이후에도 한국에서의 케이팝 소비와 해외에서의 케이팝 소비 사이에는 일정한 시차時差가 존재해왔다.

그러나 BTS가 미국 시장에서의 성공을 바탕으로 국내 인기를 확장하는 '역수입' 사례를 제시한 후, 다수의 그룹이 국내 시장이 아닌 해외 시장을 먼저 고려하는 전략을 통해 그룹 유지를 위한 수입원을 확보하기 위해 애썼다. 심지어 카드KARD처럼 한국에서는 지명도가 거의 없지만 남아메리카와 같은 특정한 해외 시장에서는 투어를 돌 정도로 인지도를 확보한 그룹들도 등장하면서, 나는 물론이고 많은 전문가들이 케이팝 한국 시장과 해외 시장의 '디커플링(Decoupling, 서로 간의 흐름이 다르게 나타나는 탈동조화 현상을 일컫는 용어)' 현상이 심화될 거라는 예상을 내놓기도 했다.

그러나 코로나19라는 예상치 못한 변수로 인해 케이팝 소비 방식이 인터넷 미디어 플랫폼 중심, 실물 음반 소비 중심으로 재편되면서 상황은 급격히 달라졌다. 한국 시장과 해외 시장 사이의 시차가 거의 사라졌고, 그 결과 한국 시장에서 성공한 그룹은 이제 동아시아를 거쳐 해외로 가지 않아도, 그리고 별다른 현지 투어나 홍보 활동 없이도 즉시 글로벌 음악 시장에서 인지도를 확보하고 있다. 아이브, 르세라핌, 뉴진스 등의 걸그룹들이 대표적이다.

이들은 특별한 해외 공연이나 활동 없이도 오롯이 한국 시장에서의 히트곡만으로 빌보드 차트 등 해외 시장에 수

월하게 진입했고, 수십만 장의 음반 판매고를 올리는 데에 성공했다. 케이팝의 세계화가 한국 시장을 글로벌 음악 시장에 더욱 강하게 연동시킨 동시에, 세계 음악 시장을 일정 부분 좌지우지하는 중요한 세력으로 만들었다고 할 수 있다. 더군다나 우연히도 코로나19 시기가 많은 3세대 그룹의 계약 종료와 멤버들의 군복무 등으로 인한 활동 중단 시기와 겹치면서 각 기획사에서는 연습생으로 대기하고 있던 이들을 새로운 그룹으로 잇따라 데뷔시켰다. 자연스럽게 세대교체가 이루어지게 된 셈이다.

케이팝 4세대와 알파 세대, 그리고 숏폼

케이팝 3세대가 젠지의 문화적 특성과 깊게 연관되어 있었다면 케이팝 4세대는 그보다 더 어린 세대인 '알파alpha 세대'와 연결되어 있다. 젠지가 1990년대 중반부터 2000년대 후반 사이에 태어난 세대를 지칭하는 말인 반면, 알파 세대는 그 이후인 2010년대 초반 이후에 태어난 세대를 지칭하는 말로 비교적 최근에 만들어진 용어다. 앞서 살펴본 것처럼 젠지들은 '디지털 원주민'과 '스마트폰', '소셜 미디어와 메신저 서비스를 통한 연결과 소통' 등으로 정의된다. 이렇게 그 성격과 특성이 비교적 상세하게 분석되어 있는 젠지들과는 달리 알파 세대는 시작점이라고 할 수 있는 2010년생이 2023년 현재 중학교 1학년에 불과하므로 아직까지는 연령대가 낮아 구체적인 특징을 파악하기 어렵다. 특히 이 연령대는 한 해 한 해 성격과 특성이 변화무쌍하게 달라지기 때문에 지금 시점에 이들의 특징에 대해 논하는 것은 큰 의미가 없기도 하다. 이 세대에 대한 현재의 분석과 정의는 사실 틀릴 가능성이 많은 예측에 불과하다.

그러나 분명한 것은 코로나19로 인해 급격하게 달라진 정치적 상황과 경제적 여건, 그리고 사회·문화 환경 아래에서 성장하고 있는 이들이 앞선 세대와는 다른 특징을 가질 거라는 점이다. 그리고 젠지가 그랬듯이 인터넷과 소셜 미디어, 메신저 등으로 연결된 현 세계의 특성상 알파 세대 역시 국가와 지역, 계층, 성별, 인종과 민족적 차이를 가로질러 동일한 세대로서의 특성을 글로벌하게 공유하게 될 것이다.

그리고 케이팝이 언제나 당대의 젊은 세대의 음악이

었던 것처럼, 새롭게 등장하고 있는 케이팝 4세대 역시 2020년대 당대의 젊은 세대가 될 알파 세대의 지지가 있어야 인기를 지속하고 확장할 수 있을 것이다. 현 케이팝 업계 종사자와 일부 팬들이 소위 한국의 '잼민이(초등학생을 지칭하는 인터넷 용어)'와 '급식(중고생을 지칭하는 인터넷 용어)'들의 취향에 깊은 관심을 두고 있는 이유다.

사실 조짐은 이미 조금씩 나타나고 있다. 가장 대표적인 변화는 케이팝을 즐기는 새로운 미디어 플랫폼의 등장이다. 2010년대 초반부터 케이팝의 주요 유통 채널이자 글로벌 팬덤의 형성 창구로 케이팝 세계화에 큰 역할을 했던 트위터와 유튜브의 뒤를 이어, 숏폼(short-form, 매우 짧은 길이의 영상 콘텐츠) 중심의 미디어 플랫폼인 틱톡과 유튜브의 하위 서비스인 유튜브 쇼츠, 인스타그램의 하위 서비스인 인스타그램 릴스 등이 새로운 미디어의 장으로 떠오르고 있다.

2010년대 말에 등장한 숏폼은 코로나19의 전 세계적인 유행으로 사람들의 인터넷 미디어 이용이 대폭 증가한 2020년부터 급격히 유행하기 시작했다. 숏폼은 대체로 10대가 많이 소비하는 것으로 알려져 있는데, 이로 인해 일부에서는 지나친 숏폼 이용이 집중력 저하나 문해력 저하, 스마트폰 중독 심화를 불러올 수도 있다는 우려를 표명하기도 한다. 하지만 이것이 현 2020년대 어리고 젊은 세대 사이의 새로운 미디어 트렌드로 자리 잡았음은 분명하다.

그런데 주로 1분 내외의 짧은 영상인 숏폼 형식은 케이팝의 특성과 잘 어울리는 부분이 있다. 케이팝 퍼포먼스와 안무에는 사람들의 뇌리에 강하게 남고 쉽게 따라할 수 있게 만드는 동작이 꼭 들어가는데, 보통 이를 '포인트 안무'라고 부른다. 케이팝 그룹 원더걸스의 곡 〈Tell Me〉의 '어머나' 안무나 트와이스의 곡 〈T.T〉의 'T' 안무, 〈강남스타일〉의 말춤 등이 대표적이다. 이 포인트 안무는 짧으면서도 동작의 개성과 움직임이 분명하기 때문에 숏폼으로 만들고 즐기기에 더할 나위 없이 좋다.

실제로 케이팝 아이돌 출신의 힙합 가수 지코가 2020년 〈아무 노래〉라는 곡을 발표했을 때, 숏폼을 기반으로 한 '댄스 챌린지(가수들의 포인트 안무를 따라하는 숏폼 영상을 올리는 것)'가 화제가 되며 큰 성공을 거두었다. 이후 케이팝 가수들에게 댄스 챌린지는 뮤직비디오, 댄스 퍼포먼스 비디오와 더불어 필수로 제작해야 하는 영상 콘텐츠가 되었다. 이전과는 다른 세대가 부르고 즐기는, 새로운 세대의 케이팝이 갖게 된 또 다른 특징이다.

이처럼 새로운 세대의 케이팝은 새로운 세대의 수용자와 만나며 자신의 특성과 정체성을 확립해 나가고 있다. 그런데 이 현재 진행형 현상에서 반드시 짚고 넘어가야 할 부분이 있다. 바로 케이팝 장르의 인종적, 민족적, 문화적인 영역 확장이다.

3장

새로운 시대의
새로운 케이팝

⤬ ◀◀ ▶ ▶▶ ↻

미국과 유럽 현지인들의 케이팝 도전

앞에서 살펴본 비한국인 케이팝 가수들은 모두 한국 케이팝 기획사 소속으로 활동하는 이들이었다. 그런데 한국 기획사가 아닌 다른 나라에서 자체적으로 설립된 기획사가 케이팝의 모든 것을 그대로 받아들여 현지인을 통해 케이팝을 만든다면 과연 어떻게 될까? 비록 대중적으로 크게 성공하지는 못했지만 실제로 이런 사례들은 이미 등장했다.

첫 번째 사례는 미국에서 만들어진 'EXP EDITION'이라는 이름의 4인조 남성 그룹이다. 미국인들로 구성된 이 그룹이 결성된 원래의 계기는 전업 가수를 하기 위해서가 아니었다. 컬럼비아대학교에서 인류학을 전공하던 한국인 대학원생이 케이팝의 결성 과정과 팬 문화 등에 대한 논문을 준비하면서 일종의 프로젝트로 만든 그룹이다. 미국인들을 한국의 케이팝으로 데뷔시켰을 때 어떤 현상과 결과나 나타나는지를 연구 주제로 삼았던 것이다. 이렇게 프로젝트의 일환으로 만들어진 그룹은 연구 과제가 끝난 뒤에도 해체하지 않고 진짜 프로 뮤지션의 길을 선택했다. 연구 과제를 수행했던 대학원생은 조그마한 기획사를 차려 직접 이 그룹을 매니징해 2017년 'EXP EDITION'이라는 이름으로 정식 데뷔시켰다.

이 그룹에는 한국계 멤버가 전혀 포함되어 있지 않다. 그런데도 이들은 한국어로 노래를 한다. 한국 기획사의 체계적인 트레이닝 과정을 거치지 않고 대신에 자체적인 훈련과 연습 과정을 소화한 미국인들이 케이팝 가수가 되기 위해 한국어로 노래를 부른 것이다. 그런데 미국인들이 왜 굳이 한국어로 노래를 했을까? 아마도 한국인도 아니고 동아시아계도 아닌 자신들이 한국어가 아닌 영어로 노래를 부르면 그 음악이 케이팝으로 인식되지 않을 거라고 생각했기 때문일 것이다. 영어로 노래를 부르게 되면 이들은 케이팝 그룹이 아닌 그저 그런 흔한 미국의 보이그룹으로 인식될 게 뻔하기 때문에 한국어로 노래를 하고 뮤직비디오도 케이팝 스타일로 만들어 자신들의 정체성을 미국 보이밴드가 아닌 케이팝 그룹으로 선택한 것이다. 이들은 지금도 현역으로 활동하고 있다.

두 번째 사례는 2020년 유럽에서 결성한 'KAACHI'라는 이름의 4인조 걸그룹이다(현재는 3인조로 활동 중이다). EXP Edition과는 달리 이 그룹에는 한국인 멤버도 한 명 포함되어 있으며, 나머지는 영국과 스페인 등 유럽 출신으로 구성되어 있다. 이들 역시 한국어로 노래를 부른다. 이 그룹은 자신들을 유럽 최초의 케이팝 걸그룹이라고 말할 정도로 자신들의 정체성을 일반적인 팝그룹이 아닌 케이팝 그룹으로 정의한다.

사실 동아시아계가 아닌 멤버가 케이팝 그룹으로 데뷔한 경우는 이들이 처음은 아니다. 가령 한국의 한 중소기획사에 소속된 걸그룹 '블랙스완' 같은 경우는 흑인 멤버, 인도인 멤버, 일본계 혼혈 멤버, 백인계 멤버 등 다채로운 인종과 민족으로 구성되어 있으며, 한국인 멤버는 아예 한 명도 없다. 심지어 이 그룹의 흑인 멤버는 '케이팝 아이돌 최초의 흑인 멤버'라는 상징성을 갖고 있기도 하다. 그러나 이들은 어쨌든 한국 기획사에서 결성하고 관리하는 그룹으로, 한국의 시스템 아래에서 한국을 주요 무대로 삼고 있기에 외국에서 자체적으로 결성된 EXP Edition이나 Kaachi와는 조금 다른 경우다. 이렇게 동아시아 바깥에서 자체적으로, 그것도 비동아시아계로 이루어진 그룹이 한국어로 노래를 부르며 스스로의 정체성을 케이팝 그룹으로 규정한다는 것은 이전에는 없던 흥미롭고도 새로운 현상이다. 케이팝의 세계화가 그만큼 심화되었다는 것을 나타내는 예시라고 하겠다.

케이팝 가수로 인식된다는 것

웨이션브이나 니쥬의 경우 한국인이 아니면서 중국어나 일본어로 노래를 해도 많은 사람들이 이들을 케이팝 그룹으로 인식한다. 심지어 동아시아계 멤버가 아예 하나도 없이 흑인과 백인, 혼혈인 등으로 구성된 블랙스완조차 팬들은 케이팝 그룹으로 받아들인다. 하지만 EXP EDITION이나 KAACHI에 대한 평가는 조금 다르다. 이들을 케이팝 그룹이라고 말하는 팬들이 있는가 하면, 케이팝 아류 혹은 모방이라고 평가하는 팬들도 있고, 심지어 케이팝 그룹이 아니라고 말하는 팬들도 많다. 글로벌 미디어 그룹 Vice에서 제작한 EXP Edition에 관한 다큐멘터리 제목인 〈세상에서 가장 논란이 많은 케이팝 그룹The World's Most Controversial K-Pop Group〉은 이들에 대한 국내외 팬들의 설왕설래를 한 문장으로 보여준다.

가령 유튜브에 올라온 이 그룹의 뮤직비디오 영상을 본 사람들이 쓴 댓글 중에는 이런 내용도 있다. "Honestly, I can't take them seriously." 번역하자면 '솔직히 나는 이들을 진지하게 못 보겠어'라는 뜻이다. 내가 학교에서 강의시간에 학생들에게 이 그룹의 뮤직비디오를 보여줄 때도, 백인 멤버가 한국어로 노래를 하는 장면에서 많은 학생들이 웃음을 터트리거나 'cringy', 즉 '손발이 오그라든다'는 반응을 보인다.

이들의 뮤비를 보고 '오글거린다'거나 '진지하게 볼 수 없다'는 반응이 나오는 이유가 무엇일까? 이들의 유튜브 영상에 올라온 댓글들을 읽어보면 그 이유를 조금 짐작할 수 있다. 케이팝을 좋아하는 미국인이나 유럽인들이 마치 커버댄스 영상이나 장기자랑 영상을 올리듯 어설프게 따라한 것 같아서, 또는 케이팝의 인기에 편승하려는 의도로 따라한 것 같아서 진정성이 느껴지지 않는다는 것이다.

하지만 이들에 대한 국내 케이팝 팬들의 반응은 해외 팬들보다 오히려 조금 더 열려 있고 조금 더 긍정적이다. 이 그룹들은 국내 대형 기획사의 전문적인 케이팝 트레이닝을 받지 않다 보니 한국의 걸그룹이나 보이그룹에 비해 가창력이나 춤, 외적인 이미지 등 모든 면에서 어설플 수밖에 없다. 게다가 뮤직비디오도 몇 억씩 들여 제작하는 한국의 뮤직비디오와는 비교할 수도 없을 만큼 저예산으로 만들다 보니 완성도가 떨어지는 것도 사실이다. 그럼에도 불구하고 인종과 민족적 배경과는 별개로 한국어로 노래를 부르며 스스로를 케이팝 그룹으로 정의하는 이들의 노력이 한국 팬들 입장에서는 그렇게 부정적으로 보이지는 않는 것 같다.

한국 팬들과 해외 팬들 사이에 왜 이런 인식의 차이가

존재할까? 한국계 혹은 동아시아계가 아닌 사람들로 구성된 그룹인데도 한국 팬들은 이들을 케이팝 가수라고 부르는데, 오히려 해외 팬들은 왜 이들을 케이팝의 일부로 인정하지 않을까? 그것은 케이팝이라고 하는 장르에 대해 국내 팬과 해외 팬들이 기대하는 바가 다르기 때문이다.

해외 팬들, 특히 비동아시아계 팬들은 케이팝이 영미 팝음악이나 자국의 음악과는 다른 어떤 것이어야 하고 동시에 그 속에 한국적인, 적어도 동아시아적인 요소가 담겨 있기를 기대한다. 한국계나 동아시아계 가수가 노래를 부르고 자신의 인종과 민족적 특징을 외양을 통해 드러내는 것은 동아시아적인 요소를 드러내는 가장 쉽고도 확실한 방법이며, 거기에 한국어 가사까지 담겨 있으면 이것은 더욱 분명해진다. 이를 통해 케이팝은 한국 문화 혹은 동아시아 문화로 여겨지면서 영미 팝음악과는 다른 케이팝만의 차별성을 지니게 되는 것이다.

이처럼 한국 문화, 넓게는 동아시아계 문화의 일부로 여겨지는 케이팝을 한국인이나 동아시아인이 아닌 가수가 불렀을 경우, 마치 이것은 한국인이 흑인 음악을 하기 위해 어설프게 가발을 쓰고 그들의 패션을 따라 하며 노래를 부르는 것 같은 어색함을 느끼거나 심지어 문화적 모방 혹은 도둑질로까지 여기게 된다.

케이팝을 흡수한 새로운 하이브리드

2010년대 후반 BTS가 전 세계 최고의 보이밴드로 떠오르며 케이팝을 명실공히 글로벌 대중음악 장르로 자리 잡게 한 이후, 이런 흐름은 더욱 본격적으로 진행 중이다. 하이브나 SM, JYP 등등 한국의 대형 기획사들은 이미 해외 현지에서 직접 케이팝 그룹을 만들어내고 있고, 이런 상황에서 현지의 레이블이나 연예 기획사가 케이팝 비즈니스 모델의 노하우를 전수받거나 혹은 모방해 그것을 적용한다면 굳이 한국 기획사가 아니더라도 얼마든지 케이팝 그룹을 만들어내는 것이 가능할 것이다.

실제로 최근 일본에서 데뷔한 XG라는 그룹은 한국 기획사가 아닌 에이벡스라고 하는 일본의 음반사이자 기획 유통사 소속으로 데뷔한 걸그룹이지만, 제이팝이나 일본 아이돌의 느낌이 아닌 케이팝 그룹의 특징을 보여주고 있다. '케이팝을 따라한 것인가' 혹은 '니쥬처럼 일본인으로 구성된 케이팝 걸그룹인가'와 같은 수용자들과 미디어의 의문에 대해 에이벡스 측에서는 'XG는 케이팝이 아니다'라고 강하게 주장했다. 하지만 XG는 케이팝 스타일의 음악, 케이팝 스타일의 화장, 케이팝 스타일의 춤 등등 '케이팝이기 위한 조건들'을 충실하게 만족시키는, 누가 봐도 일본의 아이돌보다는 케이팝 아이돌에 가까운 그룹이다. 현재는 일본이나 필리핀, 태국 등 동아시아 지역에서 이런 '로컬local 케이팝 그룹'이 만들어지고 있지만, 앞으로는 미국, 유럽, 남미 등등 전 세계 각지에서도 이런 형태의 그룹들이 계속해서 만들어질 것이다. 미국 흑인 문화의 일부로 시작된 힙합이 글로벌 음악 장르가 되면서 한국 힙합, 일본 힙합, 프랑스 힙합 등의 지역 힙합이 자리 잡게 된 것처럼 말이다.

그러나 앞서 이야기한 바와 같이 케이팝은 '한국'이라고 하는 특정한 국가와 지역의 특징, 즉 '한국성'과 떼려야 뗄 수 없는 장르라는 점에서 힙합과는 다르다. 한국 힙합이 가능하다고 해서 '아메리칸 케이팝'이 꼭 가능하다고 이야기할 수는 없다는 뜻이다. 그러면 우리는 과연 어디까지를 케이팝이라고 정의할 수 있을까? 미국이나 남미, 유럽의 어느 나라에서 현지 기획사가 현지인들로 구성된 그룹을 만들어 케이팝 스타일의 음악을 한다면 그것을 과연 케이팝이라고 볼 수 있을까? 그것은 그냥 일반적인 팝음악에 더 가깝지 않을까?

나는 '아메리칸 케이팝', '재패니스 케이팝' 혹은 'AK-Pop'이나 'JK-Pop'이 성립 가능하다고 생각한다. 앞서 1부에서 살펴본 것처럼 케이팝이라고 하는 음악 자체가 사실 미국 음악의 영향을 굉장히 많이 받았고, 일본 문화와 일본 음악의 영향을 받은 것 또한 무시할 수 없는 사실이다. 하지만 케이팝이 단순히 미국과 일본 음악의 모방이나 아류에 그치지 않은 것은, 그것들이 한국적인 요소와 섞이면서 매우 흥미롭고 색다른 스타일, 한국적이면서도 반드시 한국적이지만은 않은 케이팝이라는 새로운 장르를 형성했기 때문이다.

이렇게 해외 수입 장르와 한국 음악의 하이브리드를 통해 탄생한 케이팝이라는 장르가 다시 해외로 역수출되었을 때 그것이 각국의 요소와 뒤섞여 케이팝과 유사하지만 그것과는 또 다른 음악을 만들어낼 수도 있을 거라는 예상이 무리한 추측은 아닐 것이다. 그리고 한국 힙합이 한국의 음악 장르이지만 여전히 힙합의 한 갈래인 것처럼 그 노래를 자국민이, 자국어로 부른다고 해도 그 음악이 케이팝의 영향력 아래에 있다는 사실을 부인할 수는 없을 것이다. 케이팝이 아무리 잘 나가도 힙합이나 R&B의 영향력을 부인할 수 없는 것처럼 말이다. 다만 이제는 한국의 대중음악을 해외로 수출해 성공을 거두고 수익을 창출하는 식의 기존의 개념과는 다른 방식으로 한류를 이해할 시기가 다가왔다.

문화인 동시에 산업인 케이팝

그렇다면 케이팝의 세계화는 어떻게 이해해야 할까? 케이팝은 엄연한 대중음악의 한 장르다. 그리고 음악은 문화의 한 갈래이므로 대중음악이라는 것 자체가 음악인 동시에 문화라고 할 수 있다. 그렇다면 케이팝은 결국 문화인 동시에 산업이다. 문화이기만 한 대중음악이나 산업이기만 한 대중음악은 세상에 존재하지 않는다. 이것은 케이팝만 그런 것이 아니라 록, 재즈, 힙합 모두 마찬가지다. 힙합을 놓고 생각해보면 힙합은 음악 장르이자 영향력 있는 문화이지만 동시에 수많은 가수들이 엄청난 금액의 돈을 벌고, 또 패션 산업, 방송 산업, 굿즈 산업 등 다양한 분야의 돈벌이가 얽혀 있는 산업이기도 하다.

물론 케이팝이 기획자가 만들어낸 일종의 상품으로서 산업적 요소가 훨씬 강한 음악 장르가 아니냐고 말할 수도 있다. 하지만 결국 그것을 구현하는 것은 사람이고 그것을 즐기는 것도 사람이다. 모든 문화 예술이 그렇듯이 사람들은 기획된 대로, 그리고 의도된 대로 음악을 즐기지도 않을 뿐더러 그것을 구현하는 사람 또한 로봇이 아닌 자아를 가진 인간이기에 기획자가 기획한 대로 그것을 실행하지 않는다. 여기에서 발생하는 묘한 충돌이나 대립 혹은 뒤틀림이 있고 해석의 자유로움이 있기 때문에 그것은 산업을 넘어 동시에 문화가 된다.

최근 해외에서 다시 주목받고 있는 소녀시대의 데뷔곡 〈다시 만난 세계〉를 보면, 문화이자 산업으로서의 케이팝의 특징을 볼 수 있다. 케이팝 최대 기획사 SM 소속 그룹 소녀시대는 산업으로서의 케이팝을 가장 잘 보여주는 그

룹이며, 그들의 노래 〈다시 만난 세계〉 역시 정치적 의미와
는 전혀 상관없는 하나의 잘 만들어진 '음악 상품'이었다.
그런데 2016년 이화여자대학교에서 '최순실 반대 시위'를
할 때 시위에 참여한 학생들이 이 노래를 합창했고, 최근
태국이나 홍콩에서 민주화를 요구하는 정치적인 시위를
할 때도 시위대가 이 노래를 불렀다. 그러면서 이 곡은 민
주화 혹은 자유라는 요소와 결합된 상징적인 음악이자 문
화가 되었다. 이는 전적으로 수용자들의 의지에 의한 것이
었지만, 케이팝 혹은 케이팝 속 '한국성'이 갖고 있는 문화
적 요소가 이들의 새로운 해석·사용과 깊은 연관이 있음은
분명하다.

　　사실 문화와 상품으로서의 대중음악은 마치 샴쌍둥이
처럼 붙어 있으며 결코 분리될 수 없다. 그 둘 사이의 경계
는 선명하기보다 모호하게 얽혀 있으며, 따라서 문화로만
대중음악을 바라보는 것은 지나치게 순진한 접근법이고,
산업으로만 대중음악을 생각하는 것은 장님 코끼리 만지
기에 불과하다. 이것은 케이팝의 특징인 동시에 대중음악
자체의 특징이다. 따라서 케이팝의 세계화와 한류는 한국
문화 산업의 해외 시장 진입에 첨병 역할을 함과 동시에 시

장의 확대 그 이상의 사회적·문화적 의미를 지니고 있음을 항상 염두에 두어야 한다. 음악 산업의 '수출액'이 다른 문화 산업 분야의 수출액보다 적다고 해서 '생각보다 케이팝 별거 없네?'라고 생각해서는 안 된다는 의미다.

코즈모폴리턴과 '국뽕' 사이

× ◂◂ ▶ ▸▸ ↺

세계시민을 위한 문화

이제 케이팝은 한국만의 음악이 아닌 전 세계의 음악이다. 다양한 국가 출신의 다채로운 인종적·민족적 배경을 가진 사람들이 케이팝을 구성하고 만드는 과정에 참여하고 있으며, 이렇게 만들어진 음악은 유튜브와 스포티파이 같은 글로벌 미디어 플랫폼과 틱톡, 인스타그램, 페이스북 등의 글로벌 소셜 미디어를 통해 전 세계에 실시간으로 유통된다. 그리고 전 세계의 젠지들이 이것을 즐기고 소비한다.

이렇게 보면 케이팝은 코즈모폴리턴cosmopolitan, 즉 세계시민주의자의 문화를 이상적으로 구현하는 것처럼 보인다. 코즈모폴리턴은 고대 그리스의 철학자 디오게네스로부터 유래한 말로 알려져 있는데, 그리스어로 우주를 뜻하는 'kosmos'와 시민을 뜻하는 'polites'가 합쳐진 말이다. 즉 국가를 비롯한 인종, 성별, 종교, 지역, 계급 등에 기반해 서로를 적대시하고 배척하거나 차별하지 않으며, 열린 마음으로 나와 다른 타인을 받아들이는 자세를 가진 사람을 말한다. 생산·유통·소비의 모든 과정이 다국적·다문화적으로 이루어지며, 어떤 글로벌 대중음악 장르보다도 개방적이고, 주류와 비주류의 경계를 넘나드는 포용성과 유연함을 지니고 있는 케이팝은 세계시민을 위한 문화라고 부를 만한 충분한 조건을 갖추고 있다.

하지만 이런 코즈모폴리턴적인 특징에도 불구하고 케이팝은 종종 인종과 국가를 둘러싼 논쟁과 대립의 무대가 되기도 한다. 특히 케이팝이 동아시아를 넘어 전 세계의 음악이 된 2010년대 중후반부터 이런 흐름은 더욱 강해지고 있다. 한쪽에서는 국경을 뛰어넘는 모두를 위한 음악으로 나아가는가 하면, 다른 한쪽에서는 문화 충돌의 장이 되는 역설적인 상황이 발생하고 있다.

사실 이는 케이팝의 주요 소비층인 젠지의 특성과도 깊은 관련이 있다. 앞서 2부에서도 이국적인 문화에 대한 젠지들의 '양가적인 태도'에 관해 언급한 바 있다. 젠지는 그 어떤 세대보다도 '다름'에 대한 열린 감수성을 갖고 있으면서도 때로는 그것에 대해 놀랄 만큼 배타적이라는 상반된 특성을 동시에 드러낸다. 이것은 이들의 미디어 환경이나 소비 패턴과 깊은 관련이 있다는 이야기다. 사례를 통해 이 부분을 좀 더 자세히 살펴보자.

케이팝 속 인종주의와 국가주의

첫 번째는 케이팝의 해외 팬과 국내 팬 사이의 갈등이다. 케이팝이 동아시아를 거쳐 전 세계에서 인기를 얻기 시작하면서 국내에서는 케이팝을 '세계를 정복한 자랑스러운 한국 문화'로 여기며 자랑스러워하는 소위 '국뽕' 기반의 시각이 널리 퍼졌다. 이런 관점에서 보면 해외 팬들은 케이팝, 나아가 한국 문화의 '우수성'을 보여주는 소중한 증거다. 특히 데뷔 초반 국내에서 뜨뜻미지근한 반응을 얻었던 BTS가 해외 팬들에게 먼저 인정받고 그것을 기반으로 국내에서도 인기를 얻는 과정을 거치면서 국내외 아미들 사이에서는 일종의 특별한 유대감이 형성되었다. 그래서 국내 팬들은 해외 아미를 '사랑스러운 해외 팬'이라는 의미에서 '외랑둥이'라는 애칭으로 불렀고, 해외 팬들은 국내 아미를 '케이다이아몬드K-Diamonds'라고 불렀다. 그리고 이 '외랑둥이'라는 명칭은 곧 다른 케이팝 가수들의 팬덤으로 퍼져나갔다. 이는 국적, 인종, 민족, 젠더 등을 뛰어넘어 BTS를 통해 하나로 뭉친 이상적인 코즈모폴리턴 공동체의 모습이라고 할 수 있다.

그러나 해외 팬들이 점점 늘어나고 그 결과 해외 시장의 구매력이 더욱 중요해지면서 상황은 조금 달라졌다. 가령 2022년 블랙핑크의 유튜브 콘텐츠 조회수 가운데 한국이 차지하는 비중은 4퍼센트가 채 안 되며, 96퍼센트 이상이 해외에서 이루어졌다. 그렇다 보니 케이팝 해외 팬들은 자신들이 좋아하는 케이팝 가수와 기획사에 더욱 적극적으로 자신들의 요구사항을 전달하기 시작했고, 케이팝 입장에서는 그 목소리를 크게 반영할 수밖에 없게 되었다. 이 과정에서 케이팝의 '본진'인 한국 팬들이 소외감과 불만을 이야기하는 경우가 많아졌는데, 이들의 불만은 주로 기획사와 가수를 향하지만 종종 '우리만의 것'을 빼앗아간 해외 팬들을 향하기도 한다.

가령 케이팝 가수들이 팬들을 위해 한국말로 촬영한 '자컨(자체 제작 콘텐츠의 준말로 TV 방송이 아닌 유튜브나 소셜 미디어 등을 통해 유통되는 콘텐츠를 뜻하는 용어)'에 영어 자막이 없을 경우 외국 팬들이 영어로 해석해달라는 의미의 'eng plz english please'라는 댓글을 달면 한국 팬들이 '아쉬우면 너희가 한국어를 배워라'라고 반응하는 경우가 있다.

또한 사진 속 케이팝 아이돌의 얼굴을 지나치게 하얗게 보정하는 것을 일부 해외 팬들이 '백인우월주의에 기반한 인종주의(일명 '화이트워싱 white-washing')라고 비난하며 다시 노랗게 재보정해 인터넷을 통해 공유하는 것을 두고, '아시아 사람은 무조건 노란색이라는 고정관념(일명 '옐로우워싱 yellow-washing')이 오히려 인종주의적이다'라고 반박하며 역으로 해외 팬들을 인종차별주의자로 비난하기도 한다.

심지어 일부 극단적인 국내 팬들은 수적 우위를 바탕으로 인터넷 세상에서 케이팝에 관한 담론을 주도하는 해외 팬들을 '외퀴(외국팬과 바퀴벌레의 합성어)'라는 인종 혐오적인 용어로 부르기도 한다. '외랑둥이'와 '외퀴'를 넘나드는 해외 팬들에 대한 호칭은 젠지들의 양가적인 인종·민족 감성을 드러내며, 아울러 한국의 지역 음악이자 글로벌 팝음악인 케이팝 특유의 이중적인 특징을 잘 드러낸다.

두 번째는 케이팝과 국가주의 혹은 민족주의nationalism의 복잡한 얽힘과 그로 인한 논란과 갈등이다. 2022년 새해 벽두에 일어난 '왕이런 논란'은 이를 잘 보여주는 사례다. 여성 케이팝 그룹 에버글로우 소속의 중국 출신 멤버 왕이런은 2022년 1월 2일에 있었던 에버글로우의 팬 사인회에서 새해를 맞아 멤버 모두가 팬들에게 큰절을 하는데 혼자만 절을 하지 않고 선 채로 손을 흔들거나 한 손으로 다른 손 주먹을 감싸는 중국식 인사를 했다.

그의 이런 행동에 대해 일부 국내 팬들이 '아무리 중국인이라 할지라도 케이팝 그룹 멤버로 한국에서 활동하는 이상 한국식 인사법을 따라야 한다'고 지적했고, 국뽕에 기반한 '한국 문화의 우수성'을 강조해온 일부 전문가들이 '중국은 자신들의 문화를 존중받고 싶으면 다른 나라의 문화를 먼저 존중해야 한다'고 일침을 가하기도 했다. 그런데 이에 대해 일부 중국 현지 팬들이 민족주의적 정서에 기반해 '중국인은 원래 무릎을 꿇지 않는다'고 주장하거나 심지어 '대국이 소국에게 절을 하는 것은 중국의 인사법이 아니다', '큰절은 한국처럼 식민지로 살았던 문화의 전통'이라며 한국을 비하하는 감정적인 반응으로 맞대응하면서 논란은 국제적인 성격으로 확대되었다.

뜻하지 않은 논란에 휩싸인 왕이런은 이후 그룹에 합류하지 못하고 중국에서 개인 활동만 하고 있다. 사실 주먹을 감싸 쥐는 인사법인 '포권'은 중국인의 입장에서는 충분히 예의와 경의를 표한 행동이다. 또한 실제로 중국에서의 큰절은 '하늘과 땅, 부모에게만 하는 것'으로 한국과는 다른 문화적 의미를 지닌다. 그렇기 때문에 과거 케이팝 그룹에 속해 있던 중국인 멤버들 역시 큰절을 해야 하는 경우가 있으면 다른 방식으로 경의를 표하며 논란을 피해왔다. 그런데 몇 년 전까지만 해도 별다른 문제가 되지 않다가 왕이런만 논쟁의 중심에 서게 된 것이 그녀가 과거 다른 중국 출신 케이팝 아이돌들보다 특별히 더 문제 있는 행동을 했기 때문은 결코 아니다.

그보다는 2010년대 중반 이후 점점 강해지고 있는 중국의 민족주의·자민족 중심주의 경향과 그에 대한 반발로 빠르게 확산하고 있는 한국 내 반중㊄ 감정의 충돌이라고 보는 것이 적절할 것이다. 우리의 기성세대들은 어린 시절부터 대만과 홍콩의 대중문화와 『삼국지』와 중국사를 접하면서 중국 문화에 대한 친숙함이 있었고, 경제 규모나 국민 소득 수준이 지금 같지 않던 중국을 기억하며 중국을 협력 대상으로 여기는 경향이 있었다. 하지만 기성세대와 달리 지금의 20~30대들은 사드 배치와 경제 보복, 한한령 등을 겪으면서 점점 강해지는 중국의 민족주의 정서와 그에 따른 위험성을 피부로 느끼면서 반중 정서가 점점 심해지고 있다.

그 결과 과거에는 큰 문제가 아니었던 일들이 논란의 소재가 되며 수면 위로 떠오르고 있다. 케이팝 남성 그룹 갓세븐 소속의 홍콩 출신 멤버로 중국인으로서의 정체성을 강하게 드러내며 활동하고 있는 잭슨에 대한 국내 팬들의 차가운 시선과 거기에 대비되는 중국 팬들의 열렬한 지지역시 유사한 사례다. 그리고 홍콩·대만계 캐나다인으로 한국과 중국을 오가며 활발히 활동했으나 중국에 대한 우호적인 태도를 공개적으로 드러냈다고 해서 최근 국내 팬들에게 미움을 사게 된 케이팝 가수 헨리 또한 비슷한 맥락으로 이해할 수 있다.

한국적 정체성과 글로벌 보편성의 조화

케이팝이 세계화되는 과정에서 많은 해외 출신 멤버들이 대거 케이팝 산업으로 유입되었다. 이들은 자신들의 출신 국가에 소속 그룹과 케이팝 전반을 알리는 역할을 성공적으로 수행한다. 블랙핑크의 태국 출신 멤버인 리사는 케이팝 그룹의 일원으로서 글로벌 스타가 되었다는 이유로 자국 내에서 엄청난 인기를 누리기도 한다. 해가 갈수록 점점 더 글로벌화하고 있는 케이팝의 진행 상황을 고려할 때, 더 많은 외국인이 케이팝 업계로 유입될 것은 자명하다. 더불어 중국과 홍콩, 대만, 일본, 태국, 미국, 캐나다 등으로 한정되어 있던 출신지 역시 더욱 다양해지고 있다.

실제로 2022년 최고의 케이팝 신인 그룹이었던 뉴진스의 멤버 하니는 베트남계 호주인으로 지금까지 케이팝 그룹에서 보기 힘든 경우이며, 앞서 4부 3장에서 언급했던 블랙스완처럼 다채로운 인종·민족·국적을 배경으로 하는 그룹도 나타나고 있다.

그러나 아무리 글로벌화되었다고 해도 본질적으로는 여전히 한국 지역 음악으로서의 뿌리를 가진 케이팝은 한국적 정체성인 'K'와 떼려야 뗄 수 없는 관계를 맺고 있다. 따라서 왕이런의 사례처럼 외국인 멤버의 영입과 그로 인한 케이팝과 다른 문화와의 섞임, 즉 우리가 1부에서 살펴보았던 '문화 하이브리드'의 다양화와 확장은 예상치 못한 논란을 일으킬 수 있다.

이는 비단 중국이나 일본처럼 현재 한국과 정치·경제·역사적 갈등이 존재하는 나라의 출신 가수에게만 해당되는 이야기는 아니다. 사실 지금까지는 별다른 갈등 요소가 없던 나라 출신이라고 해도 문화적 차이로 인한 오해와 논란이 발생할 가능성은 언제나 존재한다. 가령 이슬람교를 믿는 케이팝 그룹의 외국인 멤버가 한국의 문화적 감수성과 어울리지 않는 지극히 이슬람교적인 언행을 공개적으로 보여준다면 국내 팬들과 해외 팬들은 그에 대해 어떤 식의 반응을 보일까?

따라서 세계화의 정도가 과거에 비해 훨씬 깊어진 4세

대 이후의 케이팝은 더 이상 해외 시장 '진출'에만 초점을 맞출 것이 아니라 다른 문화에 대한 더 많은 이해와 수용, 교류를 위해 더 큰 노력을 해야 할 것이다. 한국 음악이 해외 팬들을 사로잡을 수 있었던 것은 한국의 지역적 특징과 글로벌한 보편성이 절묘하게 조화를 이루며 '같으면서도 다른' 음악을 만들어냈기 때문이다. 그렇다면 지금은 한국적 정체성을 유지하면서도 글로벌한 보편성을 더욱 강화하기 위해 우리와 다른 문화를 어떻게 받아들일 것인지, 그리고 그것을 어떻게 녹여내고 어떤 새로운 것을 만들어내 해외 팬들과 소통할 것인지에 대한 진지한 고민이 필요한 시점이다. 이어지는 '문화적 전유 혹은 도용'과 케이팝의 관계에 대한 이야기는 이런 고민의 출발점이 될 수 있을 것이다.

5장

문화적 전유 혹은 도용

× ◀◀ ▶ ▶▶ ↻

멕시코 전통의상을 입고 부른 〈마카레나〉

마지막으로 케이팝 4세대의 중요한 이슈 중 하나인 문화
적 전유 혹은 도용에 대해 살펴보자. 문화적 전유cultural
appropriation는 어느 한 문화 집단이 다른 문화 집단의 고유
문화를 자신의 것인 양 무단으로 사용하는 것을 일컫는 말
이며, 문화 도용이라고도 한다. 도용盜用은 말 그대로 남의
것을 몰래 훔쳐 사용한다는 뜻으로 한마디로 '문화 도둑질'
이라고 할 수 있다.

문화라는 것 자체가 교류를 통해 형성되는 것이기 때문에 다른 나라의 문화를 받아들이고 그것을 사용하는 모든 행위를 도둑질이라고 말하지는 않는다. 가령 한국 사람이 힙합을 한다고 해서 그것을 도둑질이라고 말하는 사람은 없다. 다만 다른 나라의 문화에 대한 충분한 이해나 존중이 결여된 상태에서 그것을 이용한다면 이 행위는 문화 전유라고 여겨질 수 있다. 그렇다면 케이팝과 문화 전유 혹은 문화 도용과는 대체 어떤 관계가 있을까? 몇 가지 사례를 통해 살펴보자.

먼저 한국의 아이돌 그룹 샤이니가 멕시코에서 콘서트를 진행하던 중 멕시코 전통의상을 입고 〈마카레나〉라는 유명한 곡을 부른 적이 있다. 그런데 이들이 멕시코 콘서트에서 멕시코 전통의상을 입고 〈마카레나〉를 부른 것이 일부 멕시코 사람들에게 문화 도용 혹은 문화 전유로 여겨져 불쾌함을 일으켰다. 그 이유는 샤이니가 멕시코 전통의상을 입었기 때문이 아니었다. 멕시코 전통의상을 입은 것에 대해서는 멕시코 사람들이 만족하고 좋아했지만, 그들이 문제 삼은 것은 왜 그 옷을 입고 부른 노래가 하필이면 〈마카레나〉였냐는 것이다.

아시는 분들도 있겠지만 〈마카레나〉는 1990년대 중반 빌보드 차트 14주 연속 1위에 올랐을 만큼 전 세계적으로 큰 히트를 기록한 노래다. 그러나 이 노래를 부른 '로스 델 리오Los Del Rio'라는 듀오는 스페인 가수지 멕시코 가수가 아니다. 물론 멕시코에서 스페인어를 사용하기는 하지만 그렇다고 해서 스페인 가수가 부른 노래가 멕시코 노래가 되는 것은 아니다. 따라서 샤이니는 이 곡이 멕시코 곡인 지, 아르헨티나 곡인지, 스페인 곡인지 이해하지 못한 상태에서 스페인어로 부른 노래라는 이유만으로 멕시코 전통 의상을 입고 이 곡을 부르는 의도치 않은 실수를 한 경우라고 할 수 있다.

멕시코 사람들은 멕시코 전통의상까지 입고 스페인 노래를 부른 것은 멕시코 문화에 대한 이해가 부족했기 때문이라며 이를 불쾌하게 여겼다. 심지어 외국 가수가 한국에 와서 한복을 차려입고 중국 노래를 부르면 어떤 기분이겠냐는 비유를 들어 불쾌함을 드러내는 사람들도 있었다. 의도하지 않았다 하더라도 이런 행동은 결과적으로 한 나라의 문화에 대한 이해나 존중이 결여된 것으로 비쳐질 수밖에 없다. 즉 문화 전유인 것이다.

블랙 페이스 메이크업

한국의 유명한 걸그룹 마마무의 경우는 블랙 페이스로 인해 문제가 되었었다. 미국은 물론이고 다른 해외에서도 블랙 페이스는 흑인에 대한 멸시와 인종차별적 의도를 드러내는 행위로 여겨진다. 흑인 노예제도가 남아 있던 시절, 그리고 노예제도가 사라진 뒤에도 여전히 흑인 차별이 법적으로 용인되던 19세기 미국에서는 지역 곳곳을 돌아다니며 쇼를 하던 전통 극단이 있었다. 백인들이 흑인들을 자신들과 같이 무대에 세우는 것조차 용납하지 않던 시대이다 보니 극 중에 흑인 역할이 필요하면 백인 얼굴에 까맣게 칠을 해 등장시켰던 역사가 있다. 이것을 민스트럴 쇼 Minstrel show라고 하며, 그렇게 백인들이 흑인 분장을 하고 등장했던 것을 블랙 페이스 메이크업이라고 한다.

블랙 페이스 메이크업이 문제가 되는 것은, 그렇게 흑인 분장을 한 백인 배우들이 극 중에서 연기하는 흑인들에 대한 묘사가 하나같이 게으르고 멍청하고 바보라는 식이었기 때문이다. 그러다 보니 흑인이 아닌 인종이 얼굴을 까맣게 칠하고 흑인 분장을 하는 것 자체가 흑인을 조롱하는 의미를 갖게 되었고, 이에 흑인들은 자신들을 조롱하는 의미가 담긴 블랙 페이스 메이크업을 인종차별의 상징으로 여겨 금지해주기를 요구했다. 블랙 페이스 메이크업이 현재 모든 나라에서 법적으로 금지된 것은 아니지만 일종의 금기 행위로 여겨지는 것은 분명하다.

그런데 한국의 케이팝 걸그룹 마마무가 콘서트에서 해외 인기 가수인 브루노 마스의 뮤직비디오를 패러디하면서 문제가 발생했다. 마마무는 브루노 마스 뮤직비디오에 등장하는 인물들과 같은 의상을 입고 블랙 페이스 메이크업을 하고 있었다. 이를 본 해외 팬들은 과연 블랙 페이스 메이크업의 의미를 제대로 파악하고 그런 패러디를 연출한 것인지에 대해 의문을 제기했다. 마마무 역시 블랙 페이스 메이크업이라는 미국 문화 혹은 흑인 문화에 대한 이해나 존중이 결여된 상태에서 그 문화를 따라한 대표적인 사례라고 볼 수 있다.

더 놀라운 것은 마마무가 패러디한 브루노 마스가 흑인이 아니라는 사실이다. 브루노 마스는 흑인 피가 섞여 있지 않은 필리핀계 어머니와 유태인과 푸에르토리코인 혼혈 아버지 사이에서 태어났다. 흑인이 아닌 가수를 패러디하기 위해 블랙 페이스 메이크업을 했다는 것 자체가 마마무가 얼마나 다른 문화에 대한 이해가 부족했는지를 단적으로 보여준다.

드레드록 헤어스타일과 가네샤 신상

아이돌 그룹 엑소의 멤버 카이의 드레드록dreadlocks 헤어스타일에 대해 일부 팬들의 비난이 쏟아지기도 했었다. 드레드록은 여러 가닥으로 꼰 헤어스타일을 말하며, 우리나라에서는 예전에 주로 레게 파마라고 불리기도 했다.

사실 엑소의 카이뿐만 아니라 한국의 많은 가수들이 일종의 패션처럼 이 드레드록 헤어스타일을 하고 뮤직비디오에 등장하거나 무대에 서는 경우가 많았는데, 이 헤어스타일을 한 케이팝 가수들에 대한 해외 팬들의 반응은 부정적인 경우가 많았다. 일부는 이것을 문화 전유 혹은 도용이라고까지 말하기도 했다. 드레드록 헤어스타일은 흑인 노예의 비극적인 역사와 문화적 배경과 깊은 관련이 있기 때문이다.

오래전 흑인 노예들은 매우 열악한 환경에서 생활하다 보니 위생 관리가 어려웠다. 머리를 자주 감거나 자르기 힘든 흑인들이 머리카락을 여러 가닥으로 꼬아 묶게 되었는데, 드래드록 헤어스타일에는 흑인들의 이런 비극적인 역사가 담겨 있다. 이 헤어스타일은 후에 흑인 해방운동이나 다른 종교적인 의식에도 사용될 만큼 역사적인 배경을 가지고 있는 문화다.

그런데 흑인이 아닌, 특히 미국 출신의 흑인이나 카리브해 출신 흑인이 아닌 한국인이 그런 헤어스타일을 하는 것이 도대체 어떤 의미이며, 그 헤어스타일에 담긴 의미가 무엇인지는 알고 하는 것인가에 대한 비판이 쏟아졌다. 앞서 이야기했듯이 문화 도용은 이해나 존중 없이 다른 문화를 받아들이고 따라 하는 것인데, 일부 흑인 팬들에게는 드래드록 헤어스타일을 한 케이팝 가수들이 흑인 역사에 대한 이해 없이 그것을 단순히 패션처럼 취급하는 것으로 보여 비난을 사게 된 것이다.

한국의 유명한 걸그룹 블랙핑크 역시 〈How You Like That〉이라는 곡의 뮤직비디오에 등장한 가네샤Ganesha 신상으로 논란이 있었다. 가네샤는 인도 신화에 나오는 행운

의 신인데, 그 신상을 뮤직비디오에 소품처럼 활용했던 것
이다. 이것을 본 인도 팬들이 이에 대해 반발했다. 가네샤
는 힌두교의 대표적인 신으로 인도인들에게는 존중의 대
상이자 신앙의 대상인데 그런 가네샤를 마치 무대 소품처
럼 바닥에 방치한 행위는 인도인들의 문화나 종교에 대한
이해가 결여된 행동이라는 이유였다.

　비난이 거세지자 기획사 측에서는 이를 수용해 가네샤
신상이 등장하는 부분을 삭제하고 새로운 버전의 뮤직비
디오를 업로드하는 해프닝이 벌어지기도 했다. 만일 십자
가에 못 박힌 예수상이 바닥에 아무렇게나 널브러져 있는
모습이 담긴 뮤직비디오를 그리스도교 신자나 가톨릭 신
자들이 보았다면 어떤 반응을 보였을까? 엄청난 비난이 쏟
아졌을 것이다. 가네샤 신상의 경우도 마찬가지다. 힌두교
에 대한 이해가 없다 보니 가네샤와 같은 신이 힌두교 신자
들에게 어떤 의미인지 잘 모르는 상태에서 뮤직비디오를
찍었고, 결국 팬들로부터 비난을 살 수밖에 없었다.

　그런데 샤이니나 마마무의 사례와는 달리 드레드록이
나 가네샤 신상 관련 문화 전유 비판은 약간 논란의 여지가
있었다. 인도인들 중에는 이것을 문화 전유로 받아들이지

않는 사람들도 있었다. 힌두교 신상을 사용하는 것 자체가 그렇게 큰 문제는 아니라는 이유였다. 왜냐하면 서양 사람들이 자신들의 뮤직비디오 같은 데에 이국적인 분위기를 내기 위해 부처의 신상을 많이 활용하기도 하는데 그렇다고 해서 이를 본 불교 신자들이 한목소리로 화를 내거나 비난을 하지는 않기 때문이라는 것이다. 또 그리스도교 신자가 아닌 사람이 십자가 목걸이와 같은 장신구를 하는 경우도 많은데 그것을 문화 전유라고 하지 않는 것처럼 한국인들이 가네샤 신상을 뮤직비디오의 소품으로 사용하지 못할 이유가 없지 않느냐는 주장이었다.

케이팝 가수들의 드레드록 헤어스타일 역시 흑인들 사이에 논쟁이 많았다. 드레드록 헤어스타일 문화에는 흑인들의 비극적인 역사가 깃들어 있긴 하지만 이것이 이미 전 세계적으로 하나의 패션 스타일로 여겨져 많은 가수들이나 사람들이 따라한 지 오래인데 마치 흑인만의 전유물인 양 소유권 주장을 한다는 것 자체가 불합리하다는 것이었다. 그런 만큼 드레드록 헤어스타일을 따라하는 백인이나 동아시아인들을 모두 비난할 필요는 없다는 주장이었다.

'K'와 'Pop'의 혼합, 갈등 그리고 타협

블랙 페이스 메이크업을 하거나 멕시코 전통의상을 입고 〈마카레나〉를 부른 경우는 당연한 문화 전유 사례라고 할 수 있지만 드레드록 헤어스타일이나 가네샤 신상 같은 경우는 같은 인종과 민족들 사이에서도 의견이 나뉠 만큼 문화 전유로 치부하기에는 조금 모호한 부분이 있다. 그럼에도 앞으로 케이팝에서는 이런 식의 문화 전유 논란이 지속적으로 이어질 것이다.

지금까지 케이팝은 한국인이나 적어도 동아시아인 가수가 부르는 음악이어야 한다는 식의 글로벌한 인식이 존재해왔다. 하지만 이제는 미국인이나 남미, 유럽인 등등 전 세계 많은 나라의 가수들이 케이팝을 부르고 있고, 또 앞으로는 더 많이 부르게 될 텐데 그러면 그들이 어설픈 한국어 발음으로 부르는 그 음악을 어떻게 받아들일 것인가 하는 문제가 생긴다.

미국인이 부르는 케이팝을 과연 미국식 해석이 담긴 케이팝, 즉 아메리칸 케이팝이라고 부를 수 있을까? 아니면 이 또한 미국인들이 한국 문화에 대한 아무런 이해나 존중

없이 케이팝을 카피하는 문화 전유 혹은 문화 도용이라고 볼 것인가? 케이팝이 세계적인 장르라면 당연히 그것을 따라 하는 사람들이 있을 텐데 그것을 한국만의 것이라는 소유권을 주장할 수 있을 것인가에 대한 이슈는 앞으로 케이팝의 문화 도용 논란만큼이나 더 자주 일어날 수 있다. 더군다나 케이팝이 세계적인 음악이 되다 보니 이제는 지켜보는 눈이 너무 많아졌다는 것도 논란이 야기되는 여러 이유 중 하나다. 과거와는 비교도 할 수 없을 만큼 다양한 인종과 민족적 배경을 가진 사람들이 케이팝의 수용자가 되었기 때문이다.

가령 10여 년 전에 발매된 한국 남성 듀오 노라조의 〈카레〉라는 곡의 뮤직비디오에는 다소 우스꽝스러운 방식으로 인도 전통의상이 등장하기도 하고 노래 가사에 인도어가 나오기도 한다. 예전 같으면 그런 뮤직비디오나 노래가 크게 문젯거리가 될 일이 없었다. 인도인들은 그때까지만 해도 한국 문화에 이렇다 할 관심이 없었기 때문에 그들이 노라조의 노래를 들을 일이 거의 없었고, 한국에서도 노래를 만들거나 뮤직비디오를 찍을 때 그런 것에 대해 크게 신경 쓸 필요가 없었다. 그런데 한국의 인기 아이돌 그룹 세브틴이 인터넷 방송에서 이 곡을 커버했는데, 이 방송을 본 인도계 팬들이 〈카레〉가 인도 문화에 대한 존중 없이 그것을 차용한 문화 전유라고 항의하는 해프닝이 벌어졌다.

그렇기 때문에 이제는 케이팝은 물론이고 한국에서 만들어지는 모든 음악이 발매되는 즉시 한국뿐만 아니라 해외의 모든 팬들이 보고 듣게 된다는 것을 전제하고 이를 고려해 음악이나 뮤직비디오를 만들어야 한다. 물론 그렇게 되면 한국적인 특성을 점차 잃어가는 것은 아닐까 하는 우려가 생길 수도 있다. 그 수가 점점 더 많아지는 해외 팬들을 의식해 음악을 만들어야 하고, 그러면서도 동시에 영미 팝음악과는 차별화되는 한국 음악으로서의 정체성을 유지하기 위해서는 어떤 부분을 강조해야 하는지에 대한 고민이 커질 수밖에 없다. 더불어 해외 팬들이 요구하는 바를 모두 충족시키면서도 무조건 그것에 끌려다니지 않고 자신이 하고 싶은 이야기를 할 수 있는 길이 무엇인지에 대해서도 끊임없이 생각해야 할 것이다.

이런 문제들은 이미 현재 진행형이다. 벌써 수많은 해외 팬들이 다양한 요구를 하고 있고, 거기에 일일이 맞추다 보면 케이팝만의 독특한 정체성이 결국 사라질 수도 있다.

그리고 한국적인 정체성을 유지하기 위한 문화적인 관점에서뿐만 아니라 비즈니스적인 관점에서도 케이팝은 한국적인 특성을 반드시 유지해야 한다. 그래야만 해외 팬들이 지속해서 케이팝을 즐길 것이기 때문이다.

그렇다면 어떻게 그 균형을 맞출 수 있을까? 실제로 음악을 만드는 사람들이나 기획사에서는 이런 부분에 대해 깊이 고민하고 있고, 그런 고민들을 어떻게 반영해 새로운 그룹을 만들고 새로운 케이팝을 만들지에 대한 시도가 꾸준히 이루어지고 있다. 그런 시도를 통해 나온 새로운 음악, 새로운 이미지, 새로운 문화가 새로운 시대의 새로운 케이팝, 즉 4세대 케이팝을 만드는 중요한 요소가 될 것이다.

케이팝 K-pop

팝음악을 뜻하는 'Popular music'과 'Korea'의 합성어로, 영미권에서 단어의 의미가 먼저 시작되었고, 한국에서는 가요라는 의미로 여겨졌다. 케이팝은 음악을 바탕으로 하지만 거기에 시각적인 이미지와 그것을 실제로 행하는 사람들 사이의 관계가 더해져야 제대로 이해할 수 있기 때문에 단순히 음악만으로 케이팝을 정의하는 것은 의미가 없다. 음악에 덧붙여진 수많은 요소들, 즉 글로벌한 감각의 음악적 형식, 칼군무와 같은 춤, 패션이나 외모 등의 외적 이미지, 독특한 미학의 뮤직비디오, 아이돌과 기획사 시스템이라는 특유의 비즈니스 모델, 새로운 미디어에 대한 높은 의존도, 가수에게 요구되는 미덕, 팬과 가수 사이의 특별한 관계, 음악을 만들고 유통하는 방식 등이 종합적으로 이루어져 하나의 장르로서의 케이팝이 완성된다.

젠지 & MZ세대 Generation Z & MZ Generation

젠지는 Z세대를 일컫는 'Generation Z'의 약자로 1990년대 중반에서 2010년대 초반에 걸쳐 태어난 젊은 세대를 이르며, 어릴 때부터 디지털 환경에서 자란 디지털 네이티브 세대라는 특징이 있다. 1990년대 사용된 X세대라는 말을 기억할 것이다. 그다음이 Y세대로 불렸고, Y세대 다음이 바로 Z세대다. MZ세대는 1980년대 초에서 2000년대 초에 출생한 밀레니얼 세대와 젠지를 통칭하는 말이다. 한국에서는 젠지라는 말보다 MZ세대라는 용어를 더 많이 사용한다. 젠지와 MZ세대 이 두 용어는 마케팅 목적으로 처음 사용했는데, 미디어 연구나 사회학, 심지어 정치 분야를 연구하는 사람들이 주목하게 되면서 점차 널리 알려졌다.

디지털 네이티브 digital native

이들은 출생 직후부터 인터넷 세상과 연결된 채 성장했고, 소셜 미디어를 통해 세상과 접속하고 타인과 소통하며, 시각적 이미지와 영상에 대한 의존도가 매우 높다. 쉽게 말해 인터넷이 없는 세상에 살아본 경험이 없는 사람들이다. 스마트폰과 컴퓨터 등 디지털 기기를 원어민처럼 자유자재로 활용하는 세대이며, 미국의 교육학자인 마크 프렌스키가 2001년에 처음으로 제시한 개념이다.

포드주의 Fordism

포드자동차 회사에서 처음으로 개발한 벨트를 도입한 일관적인 작업 방식에서 비롯된 용어다. 이 자동차 공장은 예를 들어 나사를 조이는 파트, 와이퍼만 조립하는 파트, 차 문을 만드는 파트 등 자동차를 만들 때 필요한 각각의 일들을 모두 분업화했고, 이곳에서 일하는 사람들은 자신에게 주어진 일만 지속했다. 이렇게 분업화된 시스템에서 일을 하자 사람들은 자신이 맡은 일에 빠르게 익숙해졌고, 그 결과 효율성이 높아져 짧은 시간 내에 더 많은 자동차를 생산해낼 수 있었으며, 제품의 품질도 보장되었다. 이것이 바로 포드주의의 핵심인 분업과 품질 관리의 기본 모델이다. 모타운 레코드의 설립자이자 작곡가인 베리 고디는 실제로 젊은 시절에 디트로이트의 이 포드자동차 공장에서 일한 적이 있다. 그는 이 공장에서 배운 시스템을 자신이 좋아하는 음악을 만드는 데에 도입하면 좋겠다는 생각을 하게 되었는데, 실제로 그는 포드자동차 공장을 그만두고 레코드 회사를 설립해 자신이 몸소 포드자동차 공장에서 배운 포드주의를 레코드사 시스템에 도입했다.

바이럴 마케팅 viral marketing

소비자들이 이메일이나 SNS 등 전파 가능한 매체를 통해 자발적으로 기업이나 제품을 홍보하도록 유도하는 마케팅 기법으로 '컴퓨터 바이러스'처럼 확산된다고 해서 이런 이름이 붙었다. 2000년 말부터 확산되면서 새로운 인터넷 광고 기법으로 주목받기 시작했다. 기업이 직접 홍보하지 않고 소비자들의 디지털 매체를 통해 입에서 입으로 전해지는 광고라는 점에서 입소문 마케팅과 유사하지만 전파 방식이 다르다. 입소문 마케팅은 정보 제공자를 중심으로 메

시지가 퍼져나가지만 바이럴 마케팅은 정보 수용자를 중심으로 퍼
져나간다.

문화적 전유 cultural appropriation

어느 한 문화 집단이 다른 문화 집단의 전통 문화를 자신의 것인 양
무단으로 사용하는 것을 일컫는다. 문화적 도용이라고도 하는데 도
용은 말 그대로 남의 것을 몰래 훔쳐 사용한다는 뜻으로 한마디로
'문화 도둑질'이라고 할 수 있다. 문화라는 것 자체가 교류를 통해
형성되는 것이니 만큼 다른 나라의 문화를 받아들이고 그것을 사
용하는 것 자체를 도둑질이라고 말하지는 않는다. 가령 한국 사람
이 힙합을 한다고 해서 그것을 도둑질이라고 말하는 사람은 없다.
다만 다른 나라의 문화에 대한 충분한 이해나 존중이 결여되어 있
는 상태에서 그것을 이용할 때 인류학에서는 그것을 보통 문화 도
둑질이라고 정의한다.

하이브리드 hybrid

우리말로 혼종성, 혼합체 정도로 번역할 수 있으며, 서로 다른 두
개의 문화가 만나 그와 닮았지만 단순한 모방이나 재생산이 아닌
새롭게 만들어낸 문화를 의미한다. 하이브리드는 한 문화의 성립과
발전에 있어서 굉장히 중요한 요소이며, 특히 대중음악에 있어서는
하이브리드를 빼놓고 이야기할 수 없다. 영국의 미디어학자이자 문

화연구학자 스튜어트 홀은 "현대 대중음악의 미학은 하이브리드의 미학이다"라고 이야기하며, 이를 뒷받침하기 위해 미국 대중음악을 예로 들었다. 오늘날 미국 대중음악이라고 하면 대부분 전 세계 대중음악의 표준이자 롤모델로 이해한다. 하지만 미국 대중음악 역시 유럽에서 온 이민자들의 문화와 음악, 그리고 노예로 끌려왔다가 미국 시민으로 자리하게 된 흑인들의 문화와 음악, 그리고 미국의 이민자들 중 큰 비중을 차지하는 라틴아메리카에서 온 사람들의 문화와 음악적 특성이 결합해 섞이고 섞이는 과정에서 새로운 문화로 탄생한 것이다. 이렇게 하이브리드를 통해 태어난 미국 음악이 전 세계로 퍼져나가 그것이 다시 각 나라의 음악과 만나면서 새로운 음악적 특성을 갖게 된 것이 대중음악의 본 모습이다. 특히 케이팝은 이 하이브리드의 미학이 굉장히 분명하게 드러나는 장르라고 할 수 있다.

KI 신서 10816

Z를 위한 시

1판 1쇄 인쇄 2023년 3월 10일
1판 1쇄 발행 2023년 3월 22일

지은이 이규탁
펴낸이 김영곤
펴낸곳 (주)북이십일 21세기북스

인생명강팀장 윤서진 **인생명강팀** 최은아 강혜지 황보주향 심세미
디자인 지완
출판마케팅영업본부장 민안기
마케팅2팀 나은경 정유진 박보미 백다희
출판영업팀 최명열 김다운
제작팀 이영민 권경민

출판등록 2000년 5월 6일 제406-2003-061호
주소 (10881) 경기도 파주시 회동길 201(문발동)
대표전화 031-955-2100 **팩스** 031-955-2151 **이메일** book21@book21.co.kr

(주)북이십일 경계를 허무는 콘텐츠 리더

21세기북스 채널에서 도서 정보와 다양한 영상자료, 이벤트를 만나세요!
페이스북 facebook.com/jiinpill21 **포스트** post.naver.com/21c_editors
인스타그램 instagram.com/jiinpill21 **홈페이지** www.book21.com
유튜브 youtube.com/book21pub

서울대 가지 않아도 들을 수 있는 명강의! 〈서가명강〉
서가명강에서는 〈서가명강〉과 〈인생명강〉을 함께 만날 수 있습니다.
유튜브, 네이버, 팟캐스트에서 '서가명강'을 검색해보세요!

ⓒ 이규탁, 2023
ISBN 978-89-509-1089-1 04300
        978-89-509-9470-9 (세트)